生命，因閱讀而大好

你的憂鬱，
是一種習慣

우울한 마음도
습관입니다

從覺察練習、五感正念等
小行動開始，找回寧靜和幸福的
自我修復心理學

韓國頂尖心理諮商師
朴相美〈박상미〉—著
王品涵—譯

覺察情緒、選擇正向反應，
擁有越來越開朗的生活

感覺幸福或沉浸在難受的情緒，
都是一種習慣

經常覺得焦慮嗎？

因為擔心得太多而感到憂鬱嗎？

總是被憂鬱的心情搞得無力嗎？

儘管人人都期望能夠幸福、快樂地享受人生，卻總有些日子讓人覺得活著好苦。置身於不符自己期望的人際關係之中，有時會為了不想消耗情緒而選擇緊閉心扉，有時會因為無人能完全同理自己而感到寂寞，有時也會為了排山倒海襲來的種種煩憂而徹夜難眠。

情緒，來自於經歷。我們必須站在客觀的角度，覺察讓自己反覆感覺難受的情緒究竟是什麼後，學會與它保持距離。當我們開始為自己的心在「刺激」與「反應」之間創造空間，然後覺察自己的情緒，選擇好的反應，練習成為自己情緒的主人時，人生就會逐漸變得輕鬆。

為什麼應該選擇好的情緒與好的想法？好的情緒與好的想

法不僅能提升生活品質、保持身體健康，也有助於維持人際關係的正常運作。倘若不願意成為情緒的主人，隨便說話、胡思亂想或肆意行動──這就是通往不幸與憂鬱的捷徑。

比起讓大腦愉悅、幸福的情緒，人們更容易接受曾讓自己痛苦、難受的情緒。這也是為什麼人往往執著於詆毀自己的話語，甚於他人對自己的稱讚，轉眼就忘記自己聽見的好話，只顧著將那些傷害自己的話銘記於心，終其一生飽受折磨。

如果希望擁有舒服、豁然的生活，首先要擺脫死命抓著難受情緒與回憶來折磨自己的念頭；同時，也必須意識到「自己的煩憂有 96% 都是來自於無謂的焦慮」，盡量「努力」記得那些好人對自己說過的好話。假如已經對負面情緒成癮了，則必須更加認真練習。

經常感覺到憂鬱、焦慮或折磨自己的情緒，其實都是一種習慣。我以前也曾飽受憂鬱與焦慮所苦，現在卻順利成為幫助人輕鬆生活的諮商者，並且敞開心扉地享受日常。這一切都多虧了自己長久以來拚命努力養成克服負面情緒的習慣。

「心痛」、「心累」、「心裡好焦慮」都是你我經常掛在嘴邊的話。只是，所謂的「心」到底在哪裡？心，其實就在我們的大腦裡，一旦大腦感覺焦慮、壓力、後悔、自責時，

人就會慢慢陷入憂鬱與無力的漩渦。

想轉變為正向思考的大腦，首先必須創造正向的反應。所謂的正向反應，指的是無論面對任何刺激，都能在該境況之中選擇正向反應——正向的力量，能夠實際改變大腦。

美國北卡羅來納大學教堂山分校心理學系教授芭芭拉‧佛列德里克森（Barbara Lee Fredrickson）認為，當人們體驗過正向情緒後，內心就會自然地變得開闊，並得到嶄新的可能性與創意。同時，她也主張藉此可培養體能、智能、社會資源等提升個人生活品質的元素。因此，即使在感受到焦慮、恐懼、憤怒、挫折等負面情緒襲來的瞬間，也能有智慧地應對這一切。

正面情緒帶來的效果：
1. 讓身體恢復至更好的狀態。
2. 提高嘗試有道德、善良行為的意願。
3. 增強肌力並有效預防心血管疾病。
4. 培養情緒調節能力與智能。
5. 改善人際關係。
6. 提升解決問題的能力。

我們的心就像太過複雜且遼闊的海洋，有些日子狂風暴

雨，有些日子卻又寧靜得不見一絲漣漪，很多時候甚至無法預測與控制。因此，我們必須培養情緒調節能力，讓自己的內心不會輕易動搖。而第一步，就從覺察與理解自己的情緒開始。

「美好的靈魂」、「內在的美好」，是櫻花的花語之一。假如我們的人生也能猶如櫻花般燦爛，該是件多麼美好的事呢？懷抱著讓各位的內心能夠變得更為舒坦、美好、懂得享受日常生活的期望，我提筆寫下了這本書。

想擺脫憂鬱與不安嗎？
想甩開沉重的日常嗎？

或許各位曾試過擺脫情緒的枷鎖卻無功而返，再度陷入茫茫的無力感，過著痛苦的日子。從現在開始，不妨試著與我一起練習將自動化的負面思考習慣，轉變成為自動化的正面思考習慣。

每當遇上心情不好、負面想法襲來、自尊感低落、無力的時候，請翻開這本書。試著藉由重複閱讀這本書，練習讓大腦進行正向思考、選擇好的情緒。只要透過輕鬆、簡單的訓練，就能讓我們的大腦變得正向。讓負面情緒消失的心理療癒，就從現在開始。

CONTENTS

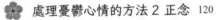
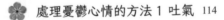
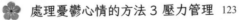

讓人生豁然開朗的習慣練習

Chapter 2 | 擺脫自動化的負面思考，
選擇好情緒的方法

Chapter 1

不再動搖的情緒練習

只要懂得覺察自己的情緒，
人生就會變得清晰

現在完全不想做任何事，也不想見任何人，
只覺得人生一點意思也沒有……
這是因為我們沒有意識到自己的負面情緒。

一旦找不到途徑排解累積在心裡的負面情緒，
我們就會開始攻擊自己，
並不停地責備與怨恨自己。
此時，必須趕快擺脫與解決壞情緒才行，
請不要放任自己沉浸在壞情緒之中。
只要理解我們必須覺察自己的情緒就好，
你絕對是百分百值得過得更幸福的人。

第一章將介紹我們該如何觀察內心存在哪些情緒，
以及覺察這些情緒的方法。同時，亦藉由感受正向
情緒的方法，了解讓自己的人生變得豁然、快樂的
訣竅。只要專注於內心，並且意識情緒，就能慢慢
讓自己的反應變得正面。

核心情緒

控制人生的無意識

是否曾因為對所有事都莫名不耐煩與心累、不知道這種情緒為什麼老是湧現而感到納悶呢？對於反應過於敏感或無法排解的負面情緒感到困擾？

每個人都有至少好幾種負面情緒，精神分析學將這類的負面疙瘩稱為情結（Complex），也就是對我們行為、認知過程造成影響的無意識情緒、欲望與記憶的結合。

直到長大成人後的現在，各位一定也會時不時憶起童年時期與家人、朋友相處的經歷，或是環境帶來的感受。假如這一切是源於不好的經歷或情緒，往往會隨著時間的推移而變得更加深刻——像這樣持續影響著我們人生的情緒即是「核心情緒」；它同時也是控制一個人行為、表情、思想，以及造成矛盾的情緒。

在我們意識到核心情緒前，它會在無意識中不停地介入你我的人生。儘管在一生之中能經常感覺到核心情緒，但我們確實很難察覺藏身於「無意識」的它。

核心情緒不僅會影響我們的選擇，也會對人際關係造成影響，即使沒有意識到它，終其一生仍會被核心情緒牽著走。我們必須找出核心情緒後，嘗試排解它。唯有不迴避，並且覺察與面對自己的情緒，我們才能成為自己情緒的主人。

對於面對內在的負面情緒，每個人都會感到不自在或難受，不少人也會因為害怕一碰就爆，而索性選擇忽略——即使能讓自己活得更幸福、快樂的機會近在眼前，也視而不見。

我長期在各地監獄為受刑人提供心理治療課程，透過諮商與課程去觀察受刑人們的內心後，發現在他們的核心情緒中存在許多「委屈」與「憤怒」。在剛入獄的受刑人們的核心情緒之中，「委屈」更是佔了絕大多數；通常是因為他們認為自己的量刑遠高於自己犯下的錯。

在監獄進行諮商的過程中，只要聽一聽受刑人們陳述自己犯罪的原因，便會發現大多是因為「對方看不起我」、「感覺被羞辱」而衝動行事。雖然暴力行為的表現來自於當事者感覺被無視、怒火中燒，但實際上往往不是源於自尊感的低落，而是某些言語或行為變成了導火線（誘發某個事件的契機），觸發當事者的核心情緒。

成長過程中經歷過的痛苦（暴力、虐待、霸凌、輕視、拋

棄、駭人意外等）會像火種一樣殘留，轉變為成長過程的創傷。一旦這顆火種與足以勾起過往經歷的某件事相遇時，自然就會引爆情緒。因此，當一個人飽受心理問題折磨時，往往也會在人際關係上遭遇問題。

受刑人Ａ是大學畢業後便前往某間大企業任職的年輕人，儘管在踏入職場的第一份工作就遇上死命拚業績的組長，非常辛苦，但Ａ一直都很積極遵從主管的指示，並努力與同事們好好相處。直到某天，組長在喝得酒酣耳熱之際，脫口說出成為導火線的那句話：

「你是很認真啦，但腦子裡根本沒什麼想法，什麼事都不會，我實在不知道你到底是怎麼進我們公司的。」

在眾人面前遭受輕視、羞辱的年輕人瞬間怒火中燒，直接朝組長的臉上揮了一拳；處於酒醉狀態的組長頓時失去重心，就這樣跌斷了三根肋骨。

Ａ曾經有過創傷。母親在他大約五歲時再婚，Ａ跟著母親與繼父一起生活，但兩個大人動不動就在吵架；每當這種時候，繼父就會把他當作出氣筒：

「這小子沒有一件事做得好，頭腦又差又笨，到底是像誰……」

當時，總是會有股「為什麼我必須聽這些話」的委屈與憤怒情緒湧上心頭，他更痛恨只是選擇沉默，卻從不肯為自己挺身而出的母親。然而，因為憂慮自己會搞得家裡氣氛更糟，他決定獨自忍耐，連一個字也不曾反駁過。就這樣，Ａ長成了內心深藏著委屈與憤怒的大人。

那天，組長的話語與繼父的聲音產生了疊影，埋藏長達二十年的情緒彷彿岩漿般在不適當的地方沸騰，甚至爆發。之後因傷害罪遭判刑一年的他總是處在生氣的狀態，不停抱怨著獄中一切不公平、不合理、惹人惱火的事都只會衝著自己來。

後來，他參加了「覺察控制自己人生的核心情緒」課程，才終於意識到委屈與憤怒正是自己的核心情緒。他同時醒悟到，哪怕只是小到不行的刺激，核心情緒也會造成過度激烈的自動反應。於是，他開始檢視一再介入自己日常生活的情緒根源，透過進行「核心情緒的覺察練習」過程，嘗試用文字寫下自己的情緒，並且與情緒對話。

核心情緒不可能完全消失。可是，當一個人能覺察自己的核心情緒，侃侃而談那段形成這種情緒的經歷時，我們便能將核心情緒妥善運用在對自己有益的地方。

在回顧與核心情緒相關的過往經歷時，若存在任何扭曲或誇張的記憶，我們可以及時導正；假如不是因為自己的錯，而是其他事造成了創傷，我們也可以藉此得到療癒。不知道核心情緒的存在而未曾試過克服它的人，往往會誤以為自己的性格是天生如此；而正確認知核心情緒的人，則能適時停止自動反應的模式。

由於核心情緒會延伸至一個人的思考、言語與行為，所以也會傳給下一代。舉例來說，當父母擁有自卑感核心情緒，在教養子女時，自然就會強迫孩子必須在任何競爭之中付出加倍努力、不惜一切爭取勝利。無意識拿自己的子女與其他孩子比較的行為，自然也會提高孩子形成自卑感核心情緒的機率。心理學家阿爾弗雷德‧阿德勒（Alfred Adler）認為，成長過程的經歷會對人生形成信念，無意識中造成影響。

只要了解核心情緒，便能明白自己究竟是為了什麼「原因」而感到憤怒或自卑；如此一來，也就可以找到該「原因」所對應的問題，然後好好解決它。

你的憂鬱，是一種習慣

思考一下：為了什麼原因而生氣？

尋找解答：「明明已經努力學習了，卻沒人看見我的努力。」、「明明認真工作，卻依然被輕視，整個過程也沒人給予肯定。」

這名年輕人是渴望過程可以被肯定的人。

「雖然你很努力了，但這次好像不太行。下次一定可以成功，我相信你。」

他只是想要從繼父或主管口中聽到像這樣的鼓勵。只是，他人與我們的期待往往不相符。雖然這麼說很殘忍，但我們更多時候聽不到自己想聽的話。

因此，不妨試著藉由「原來就算看見相同的東西，世界上就是會有人講出那樣的話。我要好好保護自己，以免被不珍惜我的人所說的話傷害」的解讀方式，去試著包容與放下。練習覺察自己的核心情緒，藉以找到內心的平靜。

核心情緒的覺察練習

在我們意識到核心情緒前，它會不停在無意識之中造成影響。只要認知到對自己造成負面影響的核心情緒，人生自然就能變得更加豐富與精彩。

請閱讀以下的情緒詞彙，選出自己經常感受到的情緒。

☐壓力　　　　　☐憤怒

☐競爭心　　　　☐無力

☐委屈　　　　　☐空虛

☐自卑感　　　　☐悲傷

☐孤單　　　　　☐焦慮

☐思念　　　　　☐恐懼

☐嫉妒　　　　　☐冷落

☐害怕　　　　　☐敵對感

✦ 試著回想一下自己在哪些情況會變得情緒激動與反應敏感，
　並且用文字寫下來。

_____

_____

_____

_____

_____

✦ 回想起該經歷時，自己感受到的情緒是什麼？（請試著以情
　緒的詞彙表達）

_____

_____

_____

_____

_____

✦ 感受該情緒時，自己會出現哪些反應？（請試著寫下自己曾
　說過什麼話、做過什麼行為）

_____

_____

✦ 請試著回想、寫下自己第一次感受到該情緒的情況。

✦ 請試著回想、寫下感受到該情緒最激烈的那次經歷。

從現在開始，當核心情緒試圖在內心變得活躍時，請這樣告訴自己：

為什麼現在會出現這種情緒？

這種情緒，可能是因為我的創傷受到刺激才出現的。

一直以來，我都被這種情緒折磨得很痛苦吧？

不要再成為瞬間湧現的情緒的奴隸了，

為自己的情緒負責吧！

造成這種情緒的經歷已經過去了，

我也因此成長許多。

現在開始，我要成為情緒的主人。

停止自動反應的行為，

選擇自己真正想要的言語與行為。

防禦機制

處理不舒服情緒的策略

人生在世，偶爾會經歷像是焦慮、憂鬱、害怕、恐懼、自責、羞恥等不愉快的情緒。當感受到諸如此類的情緒時，我們往往使用各式各樣的方法來保護自己。這種「防禦機制」，也可以被視為「處理焦慮的策略」。

即使置身於相同的境況，每個人感受與思考、行動的方式倒不盡相同。大家都會全力以赴保護自己免於傷害。雖然很多人都會使用不成熟的防禦機制，卻也不乏使用成熟防禦機制的人。只要仔細觀察一個人在情緒遭受刺激的情況下會使用何種防禦機制，基本上就能看出他的性格。

了解防禦機制後，便能理解連我們也渾然不知的自我樣貌；當然，也會稍微更理解他人些。請試著想一想身邊讓自己感到難受的人，以及與對方產生衝突的境況。對方主要是使用哪種防禦機制？如果知道對方主要的防禦機制，我們自然就能得知對方的思考方式，並試著以較為豁達的態度去面對這個人：「原來是因為他正在使用那種防禦機制，才會做

出那種行為。」這樣的念頭，或許就會讓我們變得更寬容。

確認自己主要使用的防禦機制，是照顧自己與成長的必要過程。只要認知自己一直以來使用了不健康的防禦機制，人生就會頓時變得截然不同。請試著學習健康的防禦機制，並且練習應用在自己身上。

「上了年紀後，不就會因為累積了一定的資歷而自然擁有成熟的防禦機制嗎？有必要特地學習和練習嗎？」

這是很多人的疑問。很遺憾的是，人類既不完整也不成熟，即便上了年紀，也不會自然而然變得成熟。世界上多得是不如孩子的大人。就算社會地位再高，也有不少人使用著極度不成熟的防禦機制。成熟度越低，越無法認知自己的防禦機制，最後就會被困在惡性循環之中，脫不了身。直到察覺這種防禦機制對自己的人際關係有害、對自己造成困擾時，才有辦法邁向稍微成熟些的階段。學習，是成為成熟人類的必要過程。

「那個人對每件事的防禦心都太強了。」

防禦（Defense），更多時候都被解讀成了負面意義。最先提出「防禦機制」這個詞彙的心理學家是佛洛伊德之女安娜·佛洛伊德（Anna Freud），她於一九三六年出版的著作《自

我與防禦機制》（*The Ego and the Mechanism of Defense*，暫譯）中，記錄了關於人類基於防禦而使用的機制。我試著以比較簡單的方式解釋：首先，檢視自己主要使用何種防禦機制；如此一來，即可更了解自己為什麼會做出某種行為、為什麼會出現某種情緒等。

關於防禦機制的種類，每位學者都有不同的看法。在此，請透過閱讀接下來的段落了解有哪些防禦機制，並且以自己為中心，思考適用的種類。首先，我將從負面的防禦機制開始介紹。

囚禁自己的負面防禦機制

❇ 壓抑

壓抑（Repression），意指當現實或境況過度痛苦、衝擊得難以承受時，而將一切通通壓抑進無意識中。在精神分析學中，壓抑是其他防禦機制或精神疾病的起源。此外，試圖有意識控制思想的方式則被稱為「抑制」（Suppression）。

舉例來說，一個人雖然記不清楚童年時期遭受父親暴力言行的對待，但憤怒與恐懼、委屈之類的情緒卻會一直留存。

換句話說，即是將自己無法承受的難受情緒送進了無意識。像這樣被壓抑的情緒非但不會憑空消失，進一步發展成為憤怒的機率也很高。

🌿 否定或否認

否定（Denial），意指不承認痛苦的事實；也就是說，選擇以閉上雙眼的方式面對具威脅性的現實，來防禦焦慮的情緒。舉例來說，面對至親的逝去時，不僅會否認死亡的事實，還會堅信至親一定仍活在某個地方。

為了不承認現實生活遭遇的痛苦，所以打從一開始就認定整件事好像從未發生過似的，試圖否定它——我也曾經有過這種防禦機制。父親在我就讀大學時過世了，因為承認父親的死亡實在太難也太痛苦，所以我甚至連在喪禮上也沒掉過一滴淚，只是緊閉著雙眼，認定這不過是自己做的一場惡夢罷了。當時的我刻意不回老家，甚至天天傳訊息到父親的手機，不停做著堅信父親仍在世的行為。直到過了一年左右，我才停止否認現實，準備接受這件事；我去了趟安置父親骨灰的靈骨塔，表達自己希望他能安息的心意，並且痛哭了一場後，才真正接受了父親的死亡。給予自己充分的時間哀悼，等到自我的力量恢復後，自然就不必再防禦了。

🌿 轉移或替代

轉移（Displacement）或替代（Substitution），指將能量宣洩在足以取代自己目標或人物的其他對象的防禦機制；換句話說，即是將標的從威脅性較強的對象，轉向威脅性較弱的對象。

在舉世聞名的歷史學家羅伯·丹屯（Robert Darnton）的著作《貓大屠殺：法國文化史鉤沉》（*The Great Cat Massacre*）中，提出了關於「轉移」的有趣案例。十八世紀的巴黎，充滿了大量離開農村湧進城市找工作的失業者們。由於職缺有限加上勞動力過剩，因此有不少人都只能選擇當不支薪的學徒，待遇有多麼惡劣也不必再贅述了。然而，某間印刷廠老闆夫妻養的貓咪倒是因為深受主人的寵愛，總是吃著比學徒們更好的食物，睡在比學徒們更乾淨的地方；老闆甚至會使喚學徒為自己的貓咪繪製肖像畫。相較於生活在水深火熱之中的下層階級，特權階級肆無忌憚地享受特權與奢侈的生活。

結果，包含老闆的貓咪在內，印刷廠的學徒們一口氣殺光了附近一帶的所有貓咪，引發一場令人毛骨悚然的案件。儘管拚死拚活工作也無法擺脫貧窮、無法翻轉社會結構，於是在既不能反抗老闆又無法抒發不滿的情況下，只好將洩憤對

象轉向無辜的貓咪。這種做法，確實是太過惡劣了。

🌿 反向作用

反向作用（Reaction Formation），指的是為了不讓他人發現自己埋藏在內心深處的恐懼或衝動，因此刻意做出相反的行為來進行掩蓋。

簡單來說，就是使用完全相反的方式，來表現令自己感到不適的情緒與想法。像是以有禮貌的態度、給予關懷與體諒，並且使用尊稱來對待那些令自己的情緒感到不舒服的人；自卑感強烈的人，會為了隱藏這件事而刻意裝出自己很了不起的樣子；不想被人察覺自己脆弱一面的人，反而會故意假裝自己十分強悍⋯⋯這些都屬於反向作用的例子。

🌿 合理化

合理化（Rationalization），指稱刻意找些看似像樣的藉口，來逃避令人感到失望的現實。換句話說，即是為了避免受傷的自我受到更嚴重的傷害，於是創造合理的理由讓自己脫離可能受傷的情況，藉以達成自我欺騙的防禦機制。

〈狐狸與葡萄〉的故事就是合理化的例子。在尚・德・拉封丹（Jean de La Fontaine）著名的寓言故事〈狐狸與葡萄〉

中，想吃葡萄的狐狸因為摘不到高處的葡萄，所以告訴自己「我是因為那些沒成熟的葡萄很酸才不吃的」。創造一個看似像樣的理由，藉以合理化結果。

理智化

理智化（Intellectualization），指的是嘗試以學術角度去分析令人難受的經歷，而不是排解或表達自己情緒的防禦機制。

在提供諮商的過程中，我遇過不少人會費盡心思透過合乎邏輯的理由，客觀、平靜地解釋自身經歷過的不愉快回憶：

「我應該是因為強迫症和社交焦慮比較嚴重，所以才會常常覺得焦慮。」

「我知道自己的問題不好解決啦，因為否定就是我的防禦機制之一。」

嘗試自行分析與確認本身的精神問題。

對於心理不適的人來說，藉由閱讀心理學或精神分析學書籍壓抑情緒，同時使用學術觀點分析與抽象思考、認知，即是理智化的方式之一。意即試著以「我很清楚，所以沒關係」的說法，來拚了命努力讓自己變得坦然。

🌿 情感隔離

情感隔離（Emotional Isolation），指的是為了不讓自己感受到痛苦的情緒，而強迫情緒脫離意識。

舉例來說，與他人談及自己在人際關係裡受過嚴重傷害、在群眾面前受辱的經歷時，會刻意隱藏自身的情緒；也就是表現出自己「不在乎」、「早就忘了」。事實上，不過是將自己與無法承受的情緒進行隔離罷了。

🌿 退化

退化（Regression），指稱退回發育階段初期的行為。換句話說，就是回到安於嬰兒時期的防禦機制。明明已經度過發育階段長大成人了，卻依然會在預期發生焦慮時，無意識地重新回到早已過去的階段，藉以逃避預期發生的焦慮。

弟弟／妹妹一出生後，早已五歲大的老大卻突然出現像新生兒一樣的行為。不僅會搶走弟弟／妹妹的奶瓶，也會發出嗚嗚、哇哇的哭聲，甚至失去自理大小便的能力；意即退化至過去的發育階段。另一方面，有些成人也會因為想要得到家人的關心，而在憂鬱與難受時躺在房間不肯出來——直到獲得關心為止的某種抗議行為——「退化」的成人們確實會讓親近的人感到身心俱疲。

✹ 投射

投射（Projection），是專家們認為最不成熟的防禦機制之一。所謂投射，是在無意識中將所有事的起因轉而怪罪他人，並且批評與卸責在他人身上。為了平息引起過度反應與憤怒、攻擊性、偏見、嫉妒等負面樣貌的焦慮，將一切源頭指向他人的方式，即是投射。因此，使用投射作為強烈防禦機制的人，往往沒辦法正視自身的問題。

外遇的丈夫反而懷疑妻子外遇，即是丈夫將自身行為投射在妻子身上。「雙重標準」、「只許州官放火不許百姓點燈」等，皆屬此例。每件事都是「因為你」、「因為大環境」，並且認為「我不必負責」、「我沒錯」，想方設法擺脫罪惡感，即是一種投射行為。

✹ 行動化

行動化（Acting-Out）則是另一種不成熟的防禦機制。當無意識的願望或衝動無法即時得到滿足時，便會透過行動表達自己的不滿。不會說話的孩子們，自然沒有方法表達自己不滿、不舒服的情緒，只能透過嚎啕大哭來釋放壓力——有些人即使長大成人後，依然會使用幼兒式的防禦機制。

強忍負面情緒或是不透過言語表達，轉而使用辱罵、摔

　你的憂鬱，是一種習慣

牆、咆哮，甚至打人等，通通都是行動化的表現；動不動就
發脾氣，其實也是行動化的表現之一。一有壓力就需要即時
透過行動宣洩情緒一事，實際上是因為這是種無意識的反射
行為。像是在開車期間差點被突然超車的車擦撞時，隨即破
口大罵或發脾氣的行為，其實也都是行動化的例子。

雖然人們總是傾向將問題歸咎於外部環境的刺激，藉以正
當化自己的行為，但只要記住這其實是不成熟的防禦機制，
自然就會有助於適時停止後續的行為。

健康保護自己的防禦機制

至此為各位介紹的防禦機制中，是否有自己慣用的防禦機
制呢？想必至少都有使用過其中一、二種的經驗。從現在開
始，無論再怎麼難受、不適，都務必為了自己做出「其他選
擇」。因為，持續使用負面的防禦機制，有可能進一步發展
成為各式各樣的精神疾病。

其實也有健康的防禦機制，例如：抑制、利他主義、昇華、
幽默。只要使用這四種防禦機制，便能在健康地保護自己的
同時，維持正常的人際關係。

🌿 抑制

有別於「情感隔離」的積極「抑制」，是有意識地處理不舒服想法與情緒的能力。如果說前文提過的壓抑是屬於無意識的話，那麼抑制則是有意識地管理自我情緒。這也是防禦機制中，唯一靠意識完成的反應。

舉例來說，雖然我對欺負自己的（使用轉移或替代作為防禦機制的）前輩感到憤怒，但我依然能抑制這股情緒，同時取得工作所需的支援。如此一來，也才能減少壓力，並且繼續正常上班。我大可不必為了使用不成熟防禦機制的前輩而吃虧，所以我選擇深呼吸，然後為了自己而忍耐，這是積極的「情緒抑制」。為了善用抑制，我們必須學習了解情緒與訓練心理肌力。

🌿 利他主義

利他主義（Altruism）是透過協助他人的行為來舒緩自己的焦慮，以及獲得滿足感。無論是為了貧民、病患、孤兒、瀕死的人奉獻一生的德蕾莎修女，或是在非洲偏遠地區照顧病患的醫療團隊，皆是強烈的利他主義者。

利他主義是既對自己也對他人有利的成熟防禦機制。不僅會經常思考關於「哪些人需要我的幫助？」、「我該怎麼幫

助他們？」的問題，也會將想法付諸實踐。當自己飽受不舒服的情緒或想法困擾時，便會透過協助他人找到自己人生的意義，以及感受內心的平靜。由於這種欲求不是源於投射，而是為了實際滿足他人的欲求，因此也不同於「投射」的防禦機制。

昇華

是將欲求昇華（Sublimation）成另一種方式表達出來。佛洛伊德在《達文西的一則童年回憶》（*Eine Kindheitserinnerung des Leonardo da Vinci*）一書中，有趣地呈現了將性衝動昇華為科學探索與藝術創作行為的過程。

我曾諮商過一名十八歲的青少年，因為經常按捺不住怒氣而表現出具攻擊性、暴力性的行徑，在學校裡引起了不少問題，他本人也對自己無法調節暴力傾向感到十分困擾。於是，我建議他可以藉由接觸打鼓或拳擊，試著將憤怒與暴力傾向排解到其他地方，這就是應用了昇華機制的處方。自從他開始學習打鼓後，便立刻迷上了響亮、清脆的聲音與節奏；在幾乎天天打鼓的數個月間，他的暴力衝動也逐漸平靜下來。目前在學校擔任樂團隊長的他，認真地參與各種表演活動。昇華，是有助成長的高效率且具創造力的防禦機制。

🌿 幽默

面對令人不舒服的情況一笑而過，我認為幽默（Humor）是最棒的防禦機制。儘管置身於痛苦之中也想選擇正面的反應時，幽默是最好的選項。讀一讀維克多·弗蘭克（Viktor E. Frankl）所著的《向生命說 Yes》（*Man's Search for Meaning*），便會發現連被關在集中營裡的人也會笑。他們努力尋找值得笑一笑的事，三五成群的人們聚在一起坐著，藉由分享笑話的過程戰勝苦痛，甚至還會每晚輪流創作一件趣事說給彼此聽——以「我們被釋放後會發生的各種趣事」為主題，一起想像著那一天的到來，一起捧腹大笑。即使死亡近在眼前，幽默卻依然存在。既然我們不是被囚禁在死亡的集中營裡，那還有什麼理由不能笑一笑呢？

哪怕是身處在痛苦之中，哪怕是面對著壓得自己喘不過氣的現實，我們依然擁有笑一笑的能力。在令人感覺不適的境況裡，懂得發揮幽默技巧的勇氣就是能保護自己的防禦機制，想必連身邊見到這一切的人也會默默想著：

「天啊！這個人的層次比我高太多了！絕對是高手！」

憤怒

保護自己免於不當對待的力量

關於憤怒（Anger）的定義相當多樣；通常會用來指稱一個人生氣時，內心沸騰的難受情緒。就心理學的角度而言，則是將其定義為「抵抗否定或阻止欲望實現時產生的情緒」、「感覺無法接受自己存在時產生的情緒」等。

憤怒的成因也很多樣化。像是沒辦法達成目標時或欲求遭受阻礙、挫折，造成每個人出現憤怒情緒的情況都不一樣。其中，「自尊感受傷時」是多數人共通的憤怒情況。當自己感覺被人看不起或不被尊重、受到不公平待遇時，自然就會生氣，這也是人之常情。

韓國成均館大學的禹忠完教授是專門研究「痛症」的學者。幾年前，他曾與心理學教授伊莉莎白・雷諾斯洛辛（Elizabeth A. Reynolds Losin）、神經科學教授韋格（Tor D. Wager）共同透過心理實驗與神經科學分析，針對人在受到歧視時感受到的痛苦程度差異，其研究結果被刊載於《自然人類行為》（*Nature Human Behaviour*）。

研究團隊以三十名美國白人與三十名西班牙裔美國人、二十八名非裔美國人作為實驗對象，進行關於熱痛的實驗。為了判斷參加者們感受到的歧視程度，首先針對這些人日常經歷過的歧視頻率，以及相關的心理態度進行了問卷調查。

　　接著，實驗團隊開始分別對每名參加者施加熱痛。實驗結果顯示，對歧視越敏感的有色人種參加者們在接受相同熱痛時，感覺到的疼痛會越強烈。對歧視越敏感，意味著受歧視的經驗越多。

　　在美國，「黑人對於痛苦的忍受度比白人更強」的主張，是長久以來廣為接受的論點；由於經年累月忍受歧視的他們早已對痛苦與疼痛變得鈍化，因此才會被認為進化成比較能夠承受痛苦。然而，經過這項實驗，完美證明了這個論點的錯誤。

　　疼痛是保護身體的極重要功能，所以一切的疼痛都由大腦負責，而不是像視覺或聽覺是由特定區域管轄。黑人們對於感受疼痛的區域尤其發達，代表他們並沒有因為長期忍受痛苦而變得鈍化，甚至還因此變得更加敏感。

　　同理，過往為了受到不公平的對待、輕視、拒絕而感到憤怒的人，只要稍微感受到類似的情況時，自然就會變得格外

敏感，並且強化曾經有過的情緒。

每次前往企業授課時，我都會特別針對在職場上面對令人生氣、憤怒的情況提出說明。我按照順序，整理出以下結果：

1. 上司找碴時
2. 受到不合理對待時
3. 無辜挨罵時
4. 聽見輕視自己的話時
5. 被拿來與他人比較時
6. 不得不接受、遵循不當指示時
7. 不得不完成加班之類的額外業務時
8. 能力遭到低估時

這些都是受到「不公平對待」的具體情況。當一個人感覺憤怒時，往往不只有生氣的情緒，而是會同時伴隨著悲慘、悲哀等感受。畢竟，就算受到不公平的待遇，有時也會基於當下的情況，無法肆無忌憚地表達憤怒。惹人生氣的對象有超過八成是上司，接下來則依序為客戶、合作公司、顧客、同事、後輩。無論上司也好，同事或後輩也好，這些都是在職場人際關係裡很難對他們宣洩憤怒情緒的對象；連對同事或後輩都不能隨便表達情緒，所以多數人都會選擇忍耐。據說，最近反過來要看後輩臉色的前輩們，壓力也很大。

在家庭裡感到憤怒的情況也是五花八門。對於三十多歲的女性而言，近期對丈夫感到憤怒的原因第一名是什麼呢？答案是：育兒問題。接下來則依序是丈夫浪費錢、對於子女教育不用心、不分擔家務、無法溝通、說出看不起妻子的話。而丈夫對妻子感到憤怒的原因，則是太囉唆、沒有給予尊重、拒絕性生活等。至於父母對子女感到憤怒的原因，有不明白父母的苦心、達不到期待；子女對父母感到憤怒的理由，則是管太多、堅持自己的想法才正確⋯⋯等。如果試著從中找出家人間對於「憤怒」的共通點，不難發現就是關於受到「不當對待」的感覺。

這股情緒向外表達時是憤怒，可是箭頭轉向自己內在時，便成了憂鬱。一旦置之不理，最後就會變成火病＊。演變成火病的憤怒，大多是始於人際關係的矛盾。像是與上司和同事間的衝突、背負過多業績產生的壓力、在人事問題居於劣勢、擔心被資遣或組織重組的焦慮感等，通通都是火病的原因。為了避免憤怒變成火病，首先得要懂得排解這股情緒。

憤怒出現時，必須先讓自己停下來，別急著使用出於本能的防禦機制應對。首先，確認一下當下的情況是否能透過對

＊ 譯註：文化結合症候群，大多因日常累積的煩惱無處發洩，而出現胸悶、頭痛、焦慮、失眠等症狀，為好發於韓國人的精神疾病。

話解決。如果試著以「請求」的方式向對方誠實表達自己的情緒與願望，不僅可以排解自己的憤怒，也能恢復與對方的關係。不過，假設是無法靠著好聲好氣說話就解決的情況，又該怎麼辦呢？此時，必須使用**「離開現場－深呼吸－覺察自己的情緒」**的策略。

當生氣襲來時，會變得很難理性思考，因此必須先離開現場才行。請遠離讓自己生氣的對象與場所至少三分鐘以上，而且盡量逃得越遠越好。接著，藉由深呼吸舒緩怒氣後，專注在自己的內心，並且試著詳細地描述自己的情緒。我們可以在內心為刺激與反應騰出空間，而不是直接對憤怒做出自動反應。

此外，也請記得健康的防禦機制——憤怒，是可以被健康地排解的，無論是幫助他人或學習樂器、運動、培養幽默感，都對排解憤怒有很大的幫助。

當時的我，也試過開始學習卡林巴琴，那是種被稱為「拇指琴」的非洲傳統樂器。彈奏著和一本小說差不多大的樂器，清脆、高雅的聲音讓人聽了心情也隨之開朗。是不是覺得有助於紓壓、排解憤怒、克服憂鬱的活動都很類似呢？無論是什麼都好，不妨就試著從今天開始吧！

無力
不是懶惰，只是被困在流沙之中

　　當一個人感知到危險的瞬間，焦慮的感覺也會油然而生。因此，為了減少焦慮，我們必須努力排除這個危險。只要危險因素不見了，焦慮感就會漸漸消失，重新找回內心的平靜，自然產生良性循環。

　　然而，一旦一個人的內心被無力感控制時，就會開始變得沒辦法實行「排除危險」的行為。既然危險因素一直不消失，焦慮感當然就會越來越強烈。所謂「無力」，指的不是不想行動，而是根本沒有力氣付諸行動的狀態。無力比憂鬱來得更危險。重複經歷「焦慮－無力－自責」的惡性循環，不僅會降低自我效能感，也會讓人陷入內心的流沙，連掙扎的力氣也一點一滴消失殆盡。在這段過程中，負面想法也會自動地如排山倒海般湧現：

　　「為什麼我這麼懶惰？」
　　「為什麼我是這副德性？」
　　「我沒救了。」
　　「我擺脫不了這種狀態。」

因為在職場犯錯而被嚴重斥責、被信任的人背叛、投資失利賠了大筆金錢、健康狀態突然惡化……假如是基於諸如此類的「大原因」而陷入無力的狀態，自責的程度反而還會輕些。可是，如果是因為「沒什麼原因」而陷入無力的狀態，往往就會飽受強烈的自責感折磨。在替「明明沒什麼事就變得無力」的自己感到悲哀的同時，自尊感也隨之跌落谷底。

無力，是在一個人完全無法靠自己掌控任何事時會感受到的情緒。越是無力，專注力與記憶力也會越低落。隨著欲望的消失，什麼都不想做，所以活動力也會減弱。這種時候，千萬不可以放任自己沉浸在這種狀態，應該試著重新找回「我可以掌控自己人生」的信念，也就是知覺控制（Perceived Control）。

不要執著於自己無法改變的部分，也不要被來自外部的刺激壓垮，只要相信自己，並且找到自己擁有的力量。我們必須好好面對與檢視自身所處的情況。每個人都擁有這股力量，而這股力量就在你我身上，不過是因為我們太難受了，才一時看不見而已。

當我們想要找回這股信念時，請試著大聲唸出這段文字：

原來我一直以來都太辛苦了。

對不起，

我沒有發現自己需要休息與充電。

對不起，

我誤會自己是一個懶惰、悲哀的人。

不要自責了。

我支持自己，我好喜歡自己。

想要從無力造成的自責流沙之中救出自己嗎？只有一個方法，可以盡快把自己救出來。

那就是「行動」。

如果是太大的行動，只會讓人因為提不起勁、充滿憂慮、還沒開始行動就已經覺得心好累，而繼續卡在自暴自棄的流沙裡。關鍵在於，從「小行動」開始。

貪心是大忌，「大掃除」更是最危險的選項。或許是為了想要一掃憂鬱的情緒，才想著清掃灰塵，讓家裡環境變得煥然一新。可是，很容易就會演變成在開始前就覺得好累，打掃到一半也覺得好累，最後索性半途而廢；結果，又再次強化了自責感。不妨放下野心，試著想一想「此時此刻、靠自己的力量、有辦法做得到的小行動」。接著，請拿出一張紙，

寫下簡短的文句。漸漸地就會醒悟到「那些看似渺小卻對自己有益的行動，原來有這麼多！」請試著像這樣寫一寫：

星期一：只整理床頭
星期二：只整理書桌
星期三：只清洗內衣和毛巾
星期四：只整理餐桌
星期五：只整理冰箱裡的蔬菜盒
星期六：只整理冷凍櫃的第一格
每一天：起床後，立刻打開窗戶通風
　　　　　　與自己覺得相談甚歡的對象簡短通話
　　　　　　看一段能讓心情變好的短片

雖然星期一只整理了床頭，但心情卻在整理床頭的過程變得稍微好些，因此決定在星期二順便整理一下書桌……像這樣一件接著一件地做，就會發現自己做得到的行動越來越多，進而隨著成就感的累積培養出激發下一個行動的能量。

這個方法，有效幫助了因陷入無力狀態而上門尋求諮商的人重新振作。將「家裡」這個自己休息的空間打掃乾淨，同時也帶有好好清理自己內心的效果。

「我正在把自己的內心整理乾淨。」

如果可以這麼想，那麼就連打掃家裡也會帶來「修心」的效果，而不是單純的勞動。不過，對於具有完美主義傾向的人來說，在實行上可能會比較費時。不僅得為了擬定完美的計畫消耗過多的時間，內心也會對「連小事都要寫計畫」一事感到不自在。最後，想要快點得到大改變與大成果的想法，反而變成壓力。

　　為了成為自己理想中的模樣而擬訂完美的計畫，並且付諸實現的壓力，結果蔓延成了「完成不了怎麼辦？」、「又失敗的話怎麼辦？」、「讓大家失望了怎麼辦？」的焦慮，親手將自己推落名為無力的流沙。

　　稍微粗糙些又怎樣？稍微做得不好些又怎樣？接下來做得好就好了。只要持續做下去，總有一天會做得很好。最後，你的內心就會抱持著一個念頭：「不管誰說什麼，我都喜歡自己。」

　　請銘記於心，只要一個很小、很小的行動就好，只要小小的一步，就能拯救你。

憂鬱

源於錯誤假設與推測的恐懼

　　我被強迫症、焦慮、憂慮折磨了很長的時間，由於一直以為是自己置身的環境造成了我的負面情緒，所以也怨恨著無法改變的環境。尤其是當一個人明明不可能改變已經過去的事，卻仍被困在其中時，往往就會一併毀了現在。

　　直到意識到自己的「思考偏誤」（認知偏誤）後，我才在接受現實的過程中，醒悟了自己的錯誤判斷。意識到自己對現實的認知有問題後，很快就發現自己能夠獨力解決的部分變多了。

　　由於每個人的過往經歷都不一樣，因此對於環境或事物的認知方式也大不相同。我很喜歡大海。只要看著大海，吹一吹海風、聞一聞海味，便能有解放、自由的感覺。然而，大海卻是我表妹在世界上最害怕的東西，因為她小時候曾經在海雲台海水浴場玩到一半差點溺水；自從那次意外後，大海在她的認知裡就成了死亡與恐懼。

　　美國精神科醫師亞倫‧貝克（Aaron Beck）將認知療法引

進憂鬱症與多種焦慮障礙的治療，並且主張源於錯誤的假設與推測的「扭曲事實」是造成憂鬱的原因。思考偏誤，同樣也會造成錯誤的判斷。而認知行為療法，即是導正思考偏誤的方法。

不妨讓我們一起來看看憂鬱症患者主要出現的「十大偏誤」吧？

正在閱讀這本書的各位，或許也會符合其中的一、二項。如果達三項以上且持續超過兩週的話，靠自己解決的難度較高，建議盡快尋求專家的協助。

❶ 情緒性推論

因為過去很痛苦，現在也很痛苦，所以認為未來將同樣痛苦的判斷偏誤。

「我到現在一事無成，看不到一點希望，將來只會更痛苦。」

❷ 過度類推

誇大解讀一、二件事後，做出不合邏輯的結論。

「我落榜了高達兩次，我就是個沒有考試運的人。」

你的憂鬱，是一種習慣

❸ 任意推論

不合邏輯且武斷的推論。

「對方不接我電話，絕對是在故意迴避我！」

❹ 二分法思考

非黑即白，以全有或全無的方式評斷所有經歷。

「老公今年忘了我的生日。大概一輩子都不會記得了吧？我以後每年生日該有多孤單啊？」

❺ 誇大或貶低

對於任何事賦予過大或過小的意義。

「主管知道我犯錯的事了，我完蛋了！」

❻ 災難化

以不合理的方式誇張解讀負面事件，認定會帶來最糟結果的認知扭曲現象。

「聽說遭到病毒感染的患者越來越多，一定是世界末日要來了。」

❼ 個人化

將與本身無關的特定事件或情況解讀成與自己有關。

「我的孩子因為出車禍，必須動手術，一定是因為他遇到錯的父母，才會遭遇這種不幸。」

❽ 以偏概全

在毫無客觀根據的狀況下，看不清某件事的全貌，只選擇以負面的細節全盤否定整件事。

「（在許多人面前報告的場合，就算大部分人都給予正面回應時）有兩個人沒有專心聽我報告，只顧著看手機。今天的報告真是失敗。」

❾ 標籤化

以過度概括的極端形式，根據自己的錯誤或不完美，將自己歸類為「失敗者」。不僅推論自己將來也會做出失敗的行為，實際上也會像個失敗者一樣行動。

「我投資的公司股價暴跌。反正我就是掃把星，我真是個沒用的人。」

⑩ 妄自菲薄

不客觀地低估自己的正面經歷或能力。

「這次考試考得好，只不過是因為運氣好而已。」

　　如何？各位符合了幾項呢？我在因為憂鬱症與無力感嚴重而飽受失眠所苦的時候，總共中了多達五項。一意識到「啊，原來我在扭曲事實。就是因為認知偏誤造成錯誤的判斷，我才會變得憂鬱和無力」，才終於引領我重新回過頭來檢視自己。後來，我也開始持續進行導正思考偏誤的練習。

　　首先，最重要的是「覺察自己的問題」。只要能意識到不是周圍環境造成自己憂鬱，並且接受自己正在扭曲事實一事，日常生活也會隨之出現改變。

　　假如在上述的十項思考偏誤符合了三項以上，便應該開始導正思考偏誤，以及轉念成為正向思考的練習。我當時針對自己符合的項目，將自己經常出現的思考偏誤例子寫下來，然後試著導正。練習客觀看待與正向解讀。關於克服思考偏誤與轉換正向思考的方法，將於第二章進行更詳細的說明。

焦慮能夠轉換成一定程度的正向能量；
過度的焦慮，更會成為激勵人心的力量。

焦慮

因對過去的不愉快與對未來的茫然
而產生的情緒

焦慮,是種源於內心深處的模糊情緒,令人感到極為不適且難以擺脫。焦慮與憂慮的時間,是正在扼殺當下的時間。算八字、算塔羅牌或看今日運勢等,皆是來自於焦慮的情緒。

根據美國心理學家厄尼・佐林斯基(Ernie J.Zelinski)的研究結果顯示,我們所擔心的事有 96% 不會發生;只有剩下的 4%,才是真正需要憂慮、準備應對的事件。大部分的憂慮,始於無謂的焦慮,唯有拋開 96% 的無謂憂慮,我們才能把能量專注於應對真正會發生的事件。

焦慮是我的核心情緒之一。小學時,我對於上台報告感到十分焦慮。當時的我因為發不出「ㄙ」音,所以經常被同學取笑,導致我非常害怕在大家面前說話。為了矯正發音而咬著原子筆朗讀文章的我,不知道練習了多久,最後甚至連嘴角都因此出現瘀血。即使在矯正好發音後,同學們的取笑依然持續了一段時間,所以每次只要遇到必須在大家面前報告

的情況，那股焦慮的情緒就會席捲而來。或許，是因為被取笑的當下感受到的羞辱太過強烈了。長大成人後，對於站在大家面前說話的焦慮依然沒有改善。不僅會對聽眾的反應過度敏感，而且只要反應稍微沒那麼好，我就會感到失望與挫敗，焦慮也因而變得越來越強烈。

尤其是在想做到最好、期望獲得好成果，卻對結果感到恐懼、缺乏自信時，焦慮的情緒會變得強烈。然而，我在學習心理學的過程中，開始覺察自己的核心情緒，並且正視造成該情緒產生的過往經歷後，也終於截斷由核心情緒引起的行為模式鎖鏈。

焦慮的情緒，也能轉換成為正向能量來使用。適度焦慮的好處，在於讓人為了消除對結果的恐懼而更加努力準備應對。對於考試近在眼前的人來說，只要想像一下考爛時必須承受的損害或挫敗感，自然就會變得焦慮，於是開始卯足全力讀書。因為家中有人罹癌而產生慮病症後，日漸變得焦慮，於是開始頻繁進行健康檢查，平常也變得注重健康。我同樣也是為了消除「假如搞砸報告很丟臉怎麼辦？」的恐懼而持續練習，並順利藉由練習，幫助自己成為實際面對人群的演講、直播都不再害怕說話的人。

當因為面對報告、考試、比賽而感受到眼前一片空白的焦慮時，則必須採取緊急應對處置；具體來說，即是進行辯證行為治療（Dialectical Behavior Therapy, DBT）。辯證行為治療，是有助於調節與處理情緒的治療方法。

為了應對自己對上台的焦慮、出現眼前發黑、腦袋一片空白、完全想不起自己準備好的內容的狀況，我試著像這樣進行練習——練習改變氣氛，藉此讓自己能夠感受得到視覺、觸覺、嗅覺、味覺、聽覺等不同的感覺。源於過往經歷的焦慮與憂慮，悄悄地從無意識中竄湧而上。此時，請試著讓自己的感覺專注於當下的自己與當下的空間：

+ **視覺**：透過眼睛仔細觀察，讓自己熟悉所處的空間。
+ **觸覺**：感受自己雙手的感覺。試著搓一搓掌心，或是讓雙手的指尖互相碰觸。
+ **嗅覺**：深呼吸。用鼻子大口吸氣維持三秒後，再用嘴巴緩緩吐氣，並重複三至四次。
+ **味覺**：慢慢喝下自己喜歡的茶；熱茶的效果尤佳。
+ **聽覺**：聽一聽自己喜歡的音樂；打通電話給支持自己的人，聽一聽對方的聲音。

我們必須了解自己「不健康焦慮」的原因，然後練習選擇健康的反應。太過拚命消除焦慮，往往只會加劇焦慮的程度。試著練習不被焦慮操縱，找回自己的主導權。只要理解焦慮的原因，以及因焦慮衍生的行為模式，即可避免讓焦慮增強至不合理的程度。

　　由於肉眼看不見模糊的焦慮感，因此使用看得見的「文字表達」是很重要的。當我們懂得「清晰、準確」描述情緒本身時，痛苦就會停止。

焦慮治療

　　請試著回想我第一次認知到自己的情緒，並且感受該情緒的情況。回想一下感受到該情緒最激烈的那次經歷，並且重新回答一次「核心情緒的覺察練習」的問題。

✦ 覺察自己的情緒。

　　焦慮

_____

_____

_____

✦ 請試著回想自己第一次感受到焦慮情緒的情況。

_____

_____

_____

_____

✦ 請試著描寫感受到焦慮情緒最激烈的那次經歷。

_____

_____

_____

_____

✦ 評估：焦慮在當時是否有助於解決問題？

_____

_____

_____

✦ 評估：現在感受到的焦慮對我的健康人生是否有所幫助？

_____

_____

_____

_____

✦ 評估：我們所擔心的事有 96% 不會發生，那麼現在感受到的焦慮、憂慮，是否屬於將來可能出現問題的 4% 呢？

_____

_____

_____

_____

分離焦慮

害怕獨處的情緒

　　父親是我愛與信任的依靠，對我來說，父親是最能給我力量的人；當這樣的父親突然辭世時，我患上了嚴重的憂鬱症。隨著曾經與我在心靈上最親近的存在一夕間消失，恐懼與焦慮立刻席捲而來。

　　其實，那時並不是第一次。父親第一次被診斷出罹患胃癌，並且必須進行手術的那年，我剛滿四歲。由於母親必須陪病，所以她將我暫時託付給外婆，兄姊則交由奶奶代為照顧。直到現在，我依然討厭太陽快要下山，天色漸暗的那段時間。當時的我只要一見到太陽下山，就會邊哭邊問著：「媽媽今天也不會來帶我回家嗎？爸爸要死了嗎？」憂慮與恐懼同時襲來，逼得我放聲大哭。即使當時年紀還小，期間也僅維持了六個月，但我至今仍鮮明地記著當時的記憶。

　　後來，光是看著日落時漸趨昏暗的天空，我的內心都會開始發寒，有種自己被拋棄的感覺。害怕著沒人會來帶自己走的焦慮情緒翻湧竄動，不停折磨著我，讓我有了分離焦慮

——這樣的恐懼到了父親過世後，變得更加強烈。

雖然大家熟知的分離焦慮通常出現在不想與父母分開的兒童期，但其實也有成人的分離焦慮症。有些人連一個晚上也無法忍受與另一半或孩子的分離，甚至還會不停想像各種危險意外，搞得自己難受得不得了。分離焦慮，可以是恐慌發作（Panic Attack）的原因——因為當一個人失去對自己來說等同於全世界的摯愛時，無止境的恐懼感就會油然而生。儘管這是基於高度感性與敏感才能感受到的情緒，但只要嘗試找出起因，同樣可以有效調節情緒。

自從那時起，為了隱藏自己的恐懼，我開始刻意裝得更加強悍。費了極大的心力處理好一切工作，不眠不休到身邊的人甚至擔心我是不是病態工作狂；哪怕只是稍微休息一下，我都會有罪惡感。

我好焦慮，好怕身邊的人會離我而去。「我要更努力工作、學習，必須展現出更堅強的模樣，成為更有能力的人。我一定要靠自己變得更強，才能夠填補爸爸的空缺。」我就像這樣不停壓迫自己。

由於將父親認知為「拋棄我、離我而去」的存在，因此我似乎也開始形成「男人＝會拋棄我、離我而去的存在」的恐

懼念頭。思考偏誤，即是將「過度類推」應用於所有關係。只要有任何人與我稍微親近一些，害怕、焦慮的情緒就會逼得我往後退一步。諸如此類的念頭，總在我試著與人建立關係時冷不防地冒出來折磨我。後來，當我在德國接受心理諮商訓練時，指導教授告訴我，我是「無父的女兒症候群」（Fatherless Daughter Syndrome）。為了彌補喪父的悲傷與失落，我才會過度執著於工作、繳出亮眼成績，搞得自己身心俱疲。

為了正視恐懼的真面目，進而靠自己療癒它，我開始深入檢視自己的內心。首先，我需要先將自己從分離焦慮中解放出來。分離焦慮者，通常會因為與依戀對象的分離或感覺分離，而產生甚至會危及日常生活的嚴重恐懼感。越是依賴的人，恐懼感也會越強烈。人在一生中出現的分離焦慮症狀，有 45% 會出現在成年期，與幼年期的表現無關。

分離焦慮嚴重的成人在戀愛時，尤其容易因為擔心伴侶變心而疑神疑鬼；結婚後又會緊張兮兮地監視著另一半是否外遇，導致雙方一再衝突。假如有子女的話，也會因為父母的身分而表現得過度嚴格；其中的原因，當然就是為了想與孩子在情感、物理上建立過分緊密的連結。

指導教授聽完我所有故事後，對我說：

「世界上有長生不老的人嗎？」

「沒有。」

「既然如此，所有留下的家人們都是被拋棄了嗎？」

「當然不是。」

「世界上有永遠不會凋謝的鮮花嗎？」

「沒有。」

「世界上的每段緣分都能持續到永遠嗎？」

「不能……」

「相聚離別是再自然不過的事，緣分就像生命一樣，總是會有消滅的一天。你必須導正自己在緣盡時覺得『被拋棄』

的認知偏誤；時機到了，離別自然就會到來。記住那些深愛著你，那些只要你一張開雙手就會朝你飛奔而來的人們。你的恐懼，是不是太快把他們推開了呢？」

斷定那些試著靠近自己的好人是「總有一天會離開我的人」，並且索性隔絕他們的，正是我自己。真心愛我的人，從來不是因為我堅強、有能力才愛我；折磨我的並不是他人，而是我的焦慮與恐懼。

正視焦慮與恐懼的真面目，是需要勇氣的。藉由對問題的覺知與持續練習導正認知偏誤，我順利復原了不少。接受諮商確實有一定的幫助，但若能意識到自己的問題所在，其實也能靠自己的力量成功克服。

自卑感

被害意識創造的錯覺

奧地利精神科醫師阿爾弗雷德‧阿德勒（Alfred Adler）認為，人類天生具有不願意承認自卑的傾向，而當這一切被壓抑後，便成了某種情結。阿德勒將自卑感的徵狀，大致分為攻擊型與退縮型。

攻擊型，指的是因自卑感產生的過度行為。為了隱藏自卑感，一方面將自己失敗的目標貶得一文不值，另一方面卻誇大吹捧自己達成的成果是沒人辦得到的天大難事，像是吹牛、誇大炫耀、說大話等行為表現。

退縮型，指的是因為被自卑感束縛，而極力保護自己免於遭受他人的傷害。除了會盡量避免可能失敗的事，也會對於團體的要求採取防禦的態度，像是封閉、容易沮喪、恐懼、膽怯等行為表現。

自卑感就像這樣，既會讓人誇大自己，也會讓人嫌惡自己；同時，也會養成與他人比較的習慣。

表現出自卑感的人，內心其實也會感覺到強烈的優越感；對於他人自得其樂感到不屑一顧的人，內心深處往往也藏著不想為他人所知的自卑感。

當一個人因為自卑感而被困在自我否定的圈套裡，不停想著「我一無是處」時，只要稍微被自己最親密的人（家人）惹惱，就會立刻大發雷霆。自我否定（Self-Negation），是在無法達成設定的遠大目標、對自己惱火時，所感受到的情緒。此時，一旦無法靠自己排解憤怒，這股怒氣就會向外爆發。

這是關於一對前來接受諮商的新婚夫妻案例。妻子表示自己再也無法忍受丈夫隨時隨地發脾氣，而丈夫則表示自己是因為感覺妻子的語氣充滿輕蔑，所以才生氣。

我們透過諮商的過程，得知丈夫的核心情緒是自卑。這名丈夫有個雙胞胎哥哥，國小、國中、高中都與哥哥就讀同一所學校的他，時常因為哥哥的優異成績而被拿來比較。有些人會直接公開比較兄弟倆的成績差異，但就算別人不比較，他也覺得很畏縮。雖然父母試著努力不動聲色，卻更常稱讚哥哥，這股不被父母認同的失落感，逐漸在內心深處扎根。

對於自己感覺自卑而生氣的他，於是開始怨恨哥哥，兩人的關係自然也漸行漸遠。成長過程中形成的內心創傷變成了

自卑感，最後更成為他的核心情緒。在職場上，他也總是對同期同事們的成績表現出過度敏感的反應。當同事受到主管讚揚時，他就會有種被拿來比較、被指責的感覺，為此產生強烈挫敗感的他，只覺得被人發現了自己的無能。

即使在外能戴著灑脫的面具，但是一回到家，只要稍微發生被觸動自卑感的情況，他就會出現極度敏感的反應。儘管夫妻倆畢業於同所大學，但妻子不僅升遷的速度比他快，年薪也比他高。每當與妻子發生小爭執時，自卑感總是隨時做好一觸即發的準備。

我們必須牢牢記住：阿德勒認為自卑是相當正常的情緒，同時是成長的必備要素，更再三強調自卑的正面意義。將自卑視為推動力來填補自己不足的部分，人才能進一步成長，達到自我實現的目的。

善用自卑，就能發現比對方成長更多的自己。感覺自卑並不是低人一等，與他人比較而為此陷入絕望的人，才是真正低人一等。只要如實接受自己的匱乏，並且更加努力發展自己，這樣就好。

大家都知道〈龜兔賽跑〉的故事吧？兔子和烏龜，誰贏了？當然是烏龜。可是，小時候的我反而覺得烏龜的心態很

奇妙。假如各位是烏龜的話，願意參加賽跑比賽嗎？我非但不會參加，而且還會向主辦單位提出抗議：「既然我這麼慢，兔子又超級快，我很明顯就會輸啊！為什麼還要舉辦這種比賽？這根本就是不公平的競爭，到底在開什麼玩笑？」不過，這種反應其實也是阻礙人生的赤裸裸的自卑。

烏龜之所以有辦法贏過兔子，正是因為牠沒有自卑感。沒有自卑感，自然就不會拿自己與他人比較。於是，當有人提議「你要不要和兔子賽跑？」時，烏龜便馬上回答「好啊，試試看」，完全不會想到自己比不上兔子，自然便站在起跑線上。

我在諮商室見過一些自卑感強烈的人，基本上都表示自己不願意站上起跑線。理由很多，不滿也很多——因為恐懼。

兔子在途中睡了個午覺吧？假如是自卑感強烈的烏龜，牠會這麼想：「咦？這傢伙在睡覺耶！牠就是因為從起跑線開始就比我有利，所以現在才能舒舒服服地休息。我腳好像快斷了，而且好喘……乾脆也來休息一下？」但在寓言故事裡，烏龜當時根本不在意兔子睡不睡，只是一心向前跑。

原因是什麼？不自卑的人，不會與身邊的人比較。烏龜顯然也很清楚自己跑得沒有兔子那麼快，但牠有自信能堅持到

最後，所以才試著挑戰看看。無論兔子睡不睡，烏龜都只會朝著自己的目標前進。

想擺脫自卑感，首先要做的是認同「自己是個平凡人」的事實。將自己從自我意識過剩中解放出來，接受自己不可能樣樣都完美，只要專注於自己擅長的事與目標，按部就班盡力完成就好。

自卑，不是壞的情緒，它可以成為我們人生的無限能量，也可以成為失敗的原因——關鍵取決於我們如何處理這種情緒。只要嘗試將自卑轉換為健康的能量，發展成實用的能力即可。

請試著寫下自己擁有哪些自卑感，各位在此時此刻寫下關於自卑的記錄，終有一天會成為推動自己進步的最強能量！

恐懼
經過學習而來的害怕情緒

　　一般來說，恐慌症指的是針對特定情況或刺激做出即時性的反應；而恐懼雖然是人類與生俱來的情緒，但大部分其實是經過學習而來。尤其是童年時期經歷過的某些經驗，也有可能成為恐懼的主因——在六歲前透過觀察照顧者經由哪些行為表達恐懼，藉以學習恐懼情緒的比例最高。

　　每當有動物靠近我時，無論體型大小，我都會感到恐懼。不過，我倒是很樂於從遠處看牠們，也很喜歡收看有伴侶動物登場的電視節目。偶爾會因為覺得牠們好可愛，想要伸手摸一下，甚至也動過「養一隻」的念頭；可是實際接觸後，又會出於本能地感到恐懼。

　　就讀幼兒園前，二十四小時都要黏著媽媽的我，甚至被她稱作「跟屁蟲」。因此，我們的飲食習慣、興趣、喜好，通通都一樣。我媽是一個非常害怕動物的人，就連小狗稍微接近，她都會立刻嚇得逃離現場。於是，從我很小開始，只要一見到任何貓狗，她都會馬上大喊：「相美，躲開！絕對不

可以摸！」被她這句話嚇到的我，當然就會趕快逃跑。

當不滿六歲的孩子接觸初次看見的事物、動物時，通常都會先觀察一下照顧者的臉部表情。舉例來說，媽媽帶著小孩在公園玩耍時，忽然有隻狗靠近他們，那麼孩子當然會先看一看媽媽的表情。如果媽媽的反應是「寶貝你看，好可愛喔！」孩子自然就會把狗視為友善的動物。相反的，若媽媽表現出驚嚇、害怕的反應，孩子就會藉此學習到媽媽的表情與行為，開始形成「狗很可怕！好危險，必須躲開！」的想法。

我們從小就會出於本能地學習照顧者的行為模式，如同看著鏡子模仿一般。當孩子學習到父母的行為模式後，就會儲存為大腦神經細胞的神經元。只要認知到「恐懼」的情緒是經由這樣的學習行為而來，自然就能調節恐懼的反應。

此外，恐懼有時也是經由創傷學習而形成。對於有著「恐懼」核心情緒的人來說，「繼續這樣下去，我搞不好會死」的念頭，往往在內心一隅有著根深蒂固的位置——這是由於童年時期經歷的某種經驗，造成「一切都要完蛋了」的感覺。

懷著恐懼的人，在家庭對父母同時存在害怕、報復、敵對、強烈罪惡感；在職場或學校，即使會基於「一失敗就完蛋了」的壓迫感而發揮強大的專注力，另一方面卻也會因為壓力、

對失敗的恐懼與挫敗而感到痛苦萬分。不僅對他人出現反應過度的情況，無論在工作或學業上，最終都會因為壓力過大而無法發揮實力。

我在德國曾替一名被收養人諮商，他告訴我，每當遇到得在地下樓層的教室上課的日子，他都會直接缺席。只要一想到「進入地下室，就會出現一股霉味」，他就感覺呼吸困難。這名諮商者大約是在出生後二十四個月時被收養人帶往德國，他表示自己直到現在依然記著當時一個人從昏黑、散發酸味的房間裡哭著爬上樓找媽媽的記憶。

當他向養父母坦白自己因為記憶中早已不再清晰的樓梯，以及地下室的氣味而感到恐懼時，他們告訴他：

「我們收養你的時候，聽說了你的年輕生母獨自在地下室小單人房辛苦扶養你的故事。因為留下幼小的你去工作實在太危險了，所以她最後決定把你送養，我們也才能夠相遇。」

大家一定都有過在聞到某種味道時，腦海中浮現特定場景的經驗吧？如果讀過法國作家馬塞爾‧普魯斯特（Marcel Proust）所著的《追憶逝水年華》（*À la Recherche du Temps Perdu*），想必對主角在聞到被紅茶浸濕的瑪德蓮香氣時，瞬間湧現自己在貢布雷度過童年時光的依稀記憶那一幕

不陌生；因此，這也被稱為「普魯斯特現象」（Proust Phenomenon）。根據洛克菲勒大學的研究結果顯示，人類短期記憶的感覺比例依序為觸覺 1%、聽覺 2%、視覺 5%、味覺 15%、嗅覺 35%。此外，更有其他研究認為，一個人每天產生的情緒有 75% 都是來自於味道。

正是因為嗅覺是最接近情緒的感覺，有別於視覺、聽覺、觸覺、味覺，嗅覺會將藉由感官取得的訊息直接傳遞至大腦（不必經過間腦的視丘），而此處就有著與記憶、情緒連結的海馬迴與杏仁核。

以這名諮商者的情況為例，由於地下單人房的味道被儲存為「恐懼的記憶」，所以就算只是聞到類似的氣味，也會持續引起他的恐慌症。因氣味造成的恐懼等負面情緒襲來時，立刻深呼吸能有一定程度的幫助。使用鼻子深吸一口氣後，再使用嘴巴吐氣，藉由嗅覺，將呼吸節奏傳達至邊緣系統與前額葉，即可有效調節情緒。

對於這名諮商者來說，地下室的氣味被歸類為「孤單」、「被拋棄的恐懼」，透過與內在沒有被解決且正在哭泣的「內在小孩」對話，並得到充分的同理後，恐慌症也逐漸消退。

「這些通通都是過去的事了。」

你的憂鬱，是一種習慣

「我成功克服了試煉，開始成長與進步。我覺得現在的生活非常快樂，也很有意義。」

「對於自己能與家人們過著幸福生活，我衷心感激。」

像這樣，只要持續練習呼吸、每天尋找值得感恩的事，內心的恐懼自然就能得到舒緩。

自我效能感

培養自己無限成長的欲望

　　每個人都希望自己是個有用的人。同時，也想擁有能勝任任何事的自信。這樣的情緒，即是自我效能感，是能有效克服自卑的力量。

　　此時，若能裝備好以下三項武器自然是再好不過，那就是傲氣、韌性、信念。只要擁有韌性（不易動搖並堅持到底的心）與傲氣（討厭放棄或輸的心），加上對自己的信任，就能順利克服自卑。靠著勤奮擺脫自卑，靠著自我效能感填補自尊。

　　「尋找自我效能感」的訓練，是我在為監獄或少年看護所受刑人授課時的必備課程。多數教育受刑人的人都是試圖引導他們反省，藉由回想過往的錯誤，思考自己究竟犯下了多麼嚴重的事，並強迫他們寫下反省文。但對已接受刑罰入獄的人來說，反芻過去並不會帶來什麼幫助，反而會激發他們的反抗心理。

　　每次為受刑人授課時，我都會透過「請試著說一說自己未

來的夢想」、「理想中的生活是什麼樣子？」、「我最有自信做什麼事？」等話語，給予正向的刺激，嘗試引出他們的自我效能感。如此一來，他們也會開始對未來抱持正向的希望，並且努力脫離絕望的狀態。於是，我也親眼見證了在他們身上出現過無數次的驚人變化。

我自己在三兄妹之中個子最小，從小就在不停聽著「哥哥、姊姊不僅長得高，外貌又很出眾」的環境之中長大。因此從小開始，我光是站在姊姊面前都會覺得氣餒。在我眼中，姊姊是完美無缺的，除了學業成績好，運動方面也很厲害。至於我，大概就是那種沉迷小說、電影甚於學業的「問題兒童」。由於性格與長相都不一樣，所以即使姊姊和我就讀同所國小、國中、高中，老師們也從來不知道我們是姊妹，我當然也對此避而不談。有些老師得知我們的關係後，甚至毫不客氣地當面對我說：

「聽說你是善美的妹妹？媽媽應該都餵你們吃一樣的東西吧，你怎麼長不高啊？你在班上是第幾名？」

「你這個連書都讀不好的孩子，還好意思讀什麼亂七八糟的小說？學一學你姊姊吧！」

表面上僅是笑著逃離現場的我，內心卻總是在哭泣。相

較於姊姊的自律，我卻是狀況百出，難免會產生自卑——然而，幸好有爸爸培養了我的自我效能感。每當有人拿姊姊與我的成績、長相做比較時，爸爸都會這麼說：

「我家相美是閱讀王，讀過的書比哥哥、姊姊更多，說起話來也特別有趣，是個說故事的天才，其實相美才是我家真正的狠角色！」

正是因為爸爸將只顧著讀無聊小說的孩子吹捧成為「閱讀王」，所以我真的變成了閱讀王。當一個人的能力受到認同時，自我成長的能量就會啟動。爸爸非常有智慧，他給了我將自卑轉換成為動力的力量。其實，起初我只是討厭讀課本才看課外書，但因為爸爸的一句話，我開始變得想要成為真正的閱讀王。從閱讀開始變成寫作，從寫作變成開始參加比賽，後來甚至成為文學資優生。

越執著於消除自卑感，自卑感就會越強烈。比起這麼做，找到自我效能感其實更為重要！就算身邊沒有幫手可以協助喚醒自我效能感，我們也可以靠自己找出來。先從自己還算擅長的領域找到自我效能感，體驗過成就感後，自然就不再感到那麼自卑，並且漸漸開始善用自卑成為能量，激發更加強大的進步動力。

在採訪實現夢想的大師、將他們的故事寫成報導時，我在他們身上發現了一個共通點：他們出乎意料地都是自卑感強烈的人。像是在求學時期跟不上其他同學，甚至到了二十多歲也依然是個完全不起眼的人；經過鍥而不捨的努力後，直到三十歲、四十歲才終於展露光芒。在他們二十多歲時，關於「你為什麼一直死抓著不可能成功的事不放？有夠可悲！」的質疑聲音從未間斷。

為了克服自卑感與挫敗感，我們必須經常設定一些小目標，累積成功的經驗。最重要的是，因為想做得到、做得好，所以靠著傲氣與韌性堅持下去。無論別人說什麼，對自己始終深信不疑。直到某天，自然就會發現自己已成為比他人做得更好的人。

讓我更愛自己的成長欲求

在心理學家馬斯洛（Abraham Harold Maslow）的需求層次理論中，將人類的需求分為五個階段，認為「自我實現」是人類發展的最終目標。人類擁有期望自己能持續發展的需求，以及將潛力發揮至極限的需求。有別於其他需求，自我實現的需求會隨著得到滿足而變得越來越強烈。馬斯洛也主

張人類在超越「自我實現」的階段後，會進入「超自我實現」的階段——意即充分滿足了自我實現的需求後，進一步產生想幫助他人、為世界貢獻的需求。

克雷頓・奧爾德弗（Clayton Paul Alderfer）改良馬斯洛的需求層次理論，重新提出 ERG 理論（Existence, Relatedness & Growth），主張人類擁有生存需求、關係需求、成長需求。所謂成長需求（Growth Needs），即是馬斯洛第四、第五階段需求的延伸。

由此可知，想要表現得更好、成為更好的人是人類的基本欲望。當人類感覺到自己正在成長時，便會產生希望，變得肯定自己，自我效能感也會隨之提升。只要相信自己正在進步，我們自然就會變得更愛自己。

請專注於自我成長，不要與他人比較，全心全意想著如何自我實現、發揮潛力就好。自卑感強烈的人，往往只顧著想好好包裝自己——別再隱藏了，誠實地認同本來的自己，並且仔細思考自己的成長需求。當自己成為對世界有益的存在、感覺正在與他人一起成長時，自然就會意識到自己是世界上獨一無二的珍貴存在。

自我效能感練習

✦ 請想像一下自己未來的模樣。

_____

_____

✦ 記錄自己今天新知道或新學到的任何事。

_____

_____

✦ 記錄自己今天的行動或想法存在哪些優點。

_____

_____

✦ 試著想一想，自己希望為他人或世界帶來什麼幫助。

_____

_____

孤獨力

戰勝假性孤獨的力量

孤獨，是不同於寂寞的情緒。有些人的獨處並非出於本意，有些人卻是因為喜歡獨處才做出這樣的選擇。孤獨可以享受，但過度的寂寞卻會讓人想死。寂寞非但不是可以享受的情緒，同時也會使身邊的人不好受。

寂寞與孤獨不一樣，當擁有寂寞的核心情緒時，則必須試著培養自己的孤獨力。

某次在前往濟州島旅行的途中，我曾在偶來路散步時認識了一名剛退伍的年輕人。人們似乎意外地容易對旅程中遇到的陌生人敞開心扉，或許，因為對方是與自己生活在不同世界的人，於是能在沒有偏見的前提下暢談。再加上，各自回到自己世界後再相遇的機率幾乎是零，所以也不會特別詢問彼此的姓名。就這樣，順其自然地結合成為祕密同盟。

他說，自己與姊姊的感情非常好，但自從姊姊在自己五年級那年因為白血病去世後，家裡的氣氛總是很低迷，留下來的三個人也一直過著幾乎不說話的日子。因為彼此都害怕只

要多說幾句，就會提起關於姊姊的事，所以大家乾脆都不說話。如果要用一個詞彙形容自己的人生，他覺得是「寂寞」。因為太過寂寞，他選擇不停談戀愛，又不停分手，卻難以遇到能填補自己內心空虛的對象。再也忍受不了寂寞的他，決定入伍當兵。然而，在軍中的生活卻也是生不如死。

「因為寂寞才去當兵？」

「總覺得肉體痛苦的話，就沒空管什麼寂寞不寂寞的念頭了。規律的生活，加上待在一群人之中，或許就沒那麼寂寞吧？只是，完全沒有一個人可以聊心事的團體生活，實在太寂寞、太難熬了。」

「接下來，想必連結婚也會是因為寂寞囉？」

「大家不都是因為寂寞才結婚嗎？」

「有了另一半和子女也依然覺得寂寞的人，其實多得是。為了減少寂寞而去談戀愛和結婚，對於對方來說其實很痛苦。填補寂寞的欲望越強，就會越渴求對方的關心和愛，最後只會慢慢消磨對方的感情。被寂寞操縱的空虛心靈，是不可能透過得到他人的心來填補的，必須靠自己學會享受孤獨，才能填滿內心的空缺。只有當一個人不再為了寂寞苦苦掙扎，而是懂得享受孤獨時，戀愛和婚姻才會是填補彼此感

情空缺的健康愛情，互相且平等的。」

「我一直以為愛情就是找個能依靠的人。因為寂寞，我很需要可以填補我的人……『健康的愛情是互相填補彼此的感情空缺』這句話很打動我。」

「內心空虛的人，自然也沒有任何愛可以給對方，只是不停乞求對方的關心和愛。一旦對方沒辦法持續大量地給予，就會開始責備對方，一口咬定是對方『不愛自己了』、『變了』，搞得對方身心俱疲。」

「我就是一直這樣對待女朋友的，你感覺就像真的看過我談戀愛一樣。」

「我自己也有過一段很長的時期，會整天把『寂寞』掛在嘴邊。千萬不要把自己困在寂寞的情緒裡，無法進化成為孤獨力的寂寞，最後可是會進化成為絕望的。」

「我覺得寂寞好像是環境造成的情緒。」

「許多人確實會用環境來合理化折磨自己的寂寞，渴望能夠從他人身上得到補償。自認為『成長過程沒有得到足夠的愛。因為父母不夠愛和關心自己才會覺得很寂寞，甚至產生了分離焦慮。就算是已經長大的現在，也會害怕得不到愛、

恐懼被拋棄，常常覺得自己孤單一人，所以很寂寞』的『大孩子』非常多，這些人也就是擁有『寂寞』核心情緒的人。可是，比起說是與他人的某些關係造成這種情緒，寂寞其實更接近是因為沒有好好觀察自己的內在，好好與自己的內在溝通才形成的情緒。」

「如果是因為沒有好好了解自己內心才產生的情緒，那就表示這是假的情緒囉？」

「想要真正了解自己的內心，首先必須誠實面對內在的自己，然後試著像這樣和自己聊一聊『你為什麼會有這種情緒？當時的你一定很難受，不過，那些不都已經過去了嗎？好好堅持下來的你也變成了大人吧？現在該是從那段經歷中成長的時候了，對嗎？別讓自己繼續留在那些情緒裡了。』懂得好好利用這點的人，自然就能學會享受孤獨。當你越是把自己定義成『我是寂寞的人』，只會讓自己更頻繁、更誇張地感受寂寞的情緒。人絕對有能力讓寂寞昇華成孤獨，去找一個懂得享受孤獨的人，然後和這樣的人戀愛、結婚吧！因為寂寞而談戀愛，結果只會因為更寂寞而分手。寂寞啊，不是別人有辦法填補的情緒。只要自己懂得享受孤獨，自然就能談一場平等而健康的戀愛。」

慈悲

溫柔關懷自己的念頭

　　人生在世，經常會遇到不少無禮的人。同時也會遇到無知的人、粗俗的人、說謊的人、陷害自己的人等，各種對我們人生毫無幫助的人。從事餐飲業或是必須直接面對客人的人，勢必更常遇到沒有禮貌的人……這種時候該怎麼做才好？是不是要逐一回應、爭論呢？各位一定都很清楚，以為自己同樣指著對方破口大罵感覺好像很過癮，實際上卻不是如此。自己顧著與無禮客人吵架，不只會打擾到店內的其他客人，也會讓店家的形象變差。

　　試著想像一下「職場」的環境。某個同事對自己很無禮，為了不想默默承受這一切，於是決定採取以牙還牙的方式報仇，一口氣把想說的話都說完了，感覺就像自己單挑贏了一樣。遺憾的是，看在其他人眼中，只會覺得這兩個人根本半斤八兩。再加上，如果是在其他同事也在場的場合吵架，自己反而變成破壞團隊氣氛、造成同事不便的那個人。向針對自己做出負面刺激的人回以同等反應，最後損害的只有自己的形象。

我們終究不可能改變他人，有辦法改變的只有自己聆聽的耳朵、正面解讀情況的心，以及正面的思考方式，僅此而已。改變自己的選擇，是我們唯一能做的事。因此，試著懷抱慈悲的情緒，別再為那些讓自己難受的人感到壓力了。

當一個人以慈悲對待他人時，非但可以平息本身的怒火，甚至還能變得理解對方的立場。所謂的「同理」，即是連對方的立場都能體察與諒解。如果可以感受到慈悲與憐憫，並且同理他人的話，或許我們就能在艱難的世道互相依靠與扶持，活得更加美好。

想要理解他人，首先得要對自己同樣懷有慈悲心。這裡說的可不是「唉，我真是個可憐的人」的那種同情。心理學家克莉絲汀・娜芙（Kristin Neff）將溫柔關懷自己的行為稱為「自我慈悲」（Self-Compassion）。就像我們會在好朋友犯錯時給予寬恕、不責備的態度，難受時替他們感到擔憂一樣，我們也應該如此對待自己。

自己可能是一個經常發脾氣、不耐煩、習慣負面思考的人。每當負面想法浮現時，便以「我應該做不到」、「無可救藥」、「我好討厭自己」、「又廢又悲哀」等方式怪罪自己，其實是一種自我虐待。

懂得憐憫自己，慈悲待己的人，
自然也會懂得慈悲待人。
明白如何寬待他人的錯，
也明白如何柔軟地應對他人的怒氣與不耐煩。

「雖然今天不太順利，但只要試著讓明天比今天更進步0.1% 就好。」

請鼓勵自己，懷抱著慈悲心，同等溫柔地對待自己。承認自己的脆弱，就不會陷入過度的絕望；創造安全感照顧好自己，如此一來也能為生活帶來正向的改變。

培養自尊感，捍衛自尊心

擁有自我慈悲情緒的人，通常自尊感也很高。美國社會學家莫里斯·羅斯伯（Morris Rosenberg）認為，所謂的自尊感，指的是一個人對於自身價值、能力、才華的自我評價正向與自信。自尊感，是相信自己的存在有價值且值得被愛，同時也是可以達成各種成就的有能力者。當一個人相信、鼓勵自己時，自尊感也會變得更高。

雖說自尊心理應是基於保持個人修養的想法，但當人一認知到所謂的自尊心時，其評價標準大多是取決於他人，而非自己。為了提升自己而指責、貶低他人，是人們最常也最容易用來捍衛自尊心的行為。原因在於，人在貶低他人時會感覺到優越感，但這其實只是在隱藏自己的低自尊感罷了。這也是低自尊感的人喜歡在背後說別人閒話的原因。

就精神分析的角度來說，自尊心指的是自我與超我維持平衡的狀態，一旦自尊心受到傷害，人就會隨著無價值感、無力感、自我嫌惡的累積，逐漸演變成為憂鬱症。自尊心脆弱的人，通常會有耳根子軟與自我貶低、自卑的傾向。而自尊心過強的人，則是很容易產生虛榮心。

尤其對於亞洲人而言，自尊心象徵著個人的存在價值，很多人無論在任何情況下，絕對都要死守自尊心。自尊心是一個人的全部，是像性命一樣寶貴的尊嚴，一旦自尊心崩潰了，更不可能培養自尊感。

每個人在自尊心受傷時採取的應對方式都大不相同。使用負面方式表現自尊心的人，大多會向對方採取暴力、造成傷害的不人道行為，或是透過各種方式報復對方。

相反的，其實選擇健康地捍衛自尊的人也非常多。懂得以成熟的方式捍衛自尊心的人，往往也能培養自尊感。健康的自尊心是人生的能量，既是承受屈辱的力量，也是能在跌倒後重新起身的基石。儘管自尊心會受到他人的評價影響，但自尊感卻無關他人的評價，而是一個人對自身的尊重。自尊心健康的人，即是不隨他人的言語起舞，堅定地走自己的路的人。

感恩

人類擁有的傑出能力

在德國求學的那段時間，我認識了形形色色的人，其中有享譽世界的學界泰斗、成功企業家、世界知名的藝術家，以及擅長與任何國籍的人建立深厚人際關係的人。如果要選出這些人的共通點，我會說他們都是「感恩天才」。連對小事也懂得感恩的人，往往就是能靠著小東西創造奇蹟的人。

真正的天才不是知識滿滿的人，而是擁有滿滿感恩的人。對瑣碎的小事也懂得感恩的能力，足以創造命運的奇蹟。大家都知道，感恩的心不僅能為大腦帶來變化，也能幫助身心恢復活力。感恩的影響力大得我不得不如此強調它。

即使置身於艱難的情況，有些人依然能夠神奇地找出值得感恩之處。有時，我不免會想：「這是天生的性格嗎？」、「怎麼可能有辦法保持那種心態？」甚至還有學者特別針對「擅長感恩的性格」進行研究，並從中得出了一個名為感恩意向（Grateful Disposition）的概念。感恩意向，是人類擁有的傑出能力。感恩意向強烈的人，在日常生活中感覺感恩

的頻率也較高，經常能在小事裡發現值得感恩的地方。

感恩意向強烈的人，往往在身體健康上也會出現正向的變化。除了罹癌病患能因此舒緩疼痛，愛滋病毒呈陽性反應者也在每天撰寫「感恩日記」後，有效降低死亡率。此外，對健康有害的壓力賀爾蒙數值也變得越來越低，並且能改善睡眠品質、使高血壓患者的血壓下降。

然而，不少人卻認為強調「感恩」的效果只是令人倒胃口的說教，甚至擔心自己如果時常對身邊的人表達感恩，「對方會不會誤會我是個低姿態的人？我會不會變成軟柿子？對方會不會以為自己很了不起才受到禮遇，反而想踩在我頭上？」其實，這些不過是自尊感低的人的杞人憂天罷了。感恩意向強烈的人，通常自尊感與自我效能感也會偏高，對於自己同樣抱持滿滿的感恩。正是因為這些人懂得在保持格調的同時，提高對他人的感恩，無論在哪裡都會是值得被尊重的人。

根據芝加哥大學的尼可拉斯‧艾普利（Nicholas Epley）研究團隊的實驗結果顯示，多數人都低估了「感恩的效果」。這是個簡單的實驗，各位不妨一起試試看。

1. 請試著回想對我的人生帶來正面影響的人，以及想要感恩的人。

2. 寫一封簡短的感恩信給他們。

3. 請試著想像一下收到自己信件的人會有多麼開心、驚喜、感動。

4. 接著再想像一下對方對於送出信件的自己會產生什麼樣的情緒，以及認為自己是什麼樣的人。

收到這封信的人會有什麼反應？與寫下這封信的人的想像比較時，兩者間存在什麼差異？研究團隊實際傳達了這封信，同時也向收信者提出問題。

1. 有多麼開心？

2. 有多麼驚喜？

3. 有多麼感動？

4. 對寄信者產生什麼樣的情緒？

5. 認為寄信者是什麼樣的人？

最後的結果完全超乎寄件者的想像。收件者比寄件者想像中來得更加開心與驚喜、感動，並且給予「對方是很好的人」的答覆。

「是個很溫暖的人。」

「很有能力。」

「給人的印象很好。」

　　沒有任何一個人說出像是「尷尬」、「意外」、「錯愕」之類的負面回應。現在，就立刻在紙上寫下自己想要感謝的人的名字，然後試著寫封信給對方吧！只要一封信，就能創造出讓所有人的人生都充滿幸福的奇蹟。

「生活方式只有兩種：
一種是相信凡事沒有奇蹟，
另一種則是把所有事都當作奇蹟。」

——愛因斯坦（Albert Einstein）

吐氣

平息強烈的負面情緒

　　當受到像是憤怒、煩躁、侮蔑、羞辱、恐懼、焦慮、委屈等強烈的情緒刺激時，我們會依照平時的習慣自動做出反應來表現情緒，大多數都是負面情緒。在負面的自動反應準備出現時，首先要做的是停止思考與行為，並且盡量遠離該空間。假如當時是在室內，可以試著走出室外，或是移動前往其他樓層等，徹底轉換至另一個空間。

　　下一劑處方，即是呼吸。當內心鬱悶、負面的情緒一擁而上時，我也會不由自主地長嘆一口氣。無論是煩憂時或納悶時、被突如其來的情況嚇一跳後又鬆一口氣時，都會不知不覺地呼氣。呼氣，是人體出於本能地想為情緒創造空間的行為，不僅能提升大腦氣體的交換效率，也能讓肺部的肺泡出現新空間，藉以重組組織，提高呼吸效率。

　　在我們的感覺中，嗅覺與情緒的關聯最深。嗅覺，在與感

官相關的情緒、動機處理過程裡，扮演著重要的角色。這就是為什麼從事瑜伽或冥想時，需要使用鼻子深呼吸的原因。

當負面情緒襲來時，必須立刻開始深呼吸。以鼻子吸氣後，透過嗅覺將呼吸節奏傳遞至邊緣系統與前額葉。由於不需經過視丘的嗅覺訊息，可以直接進入與情緒、記憶相關的海馬迴與杏仁核所在的大腦邊緣系統，因此能有效提升抗壓性，調節情緒與認知狀態。

由美國賓夕法尼亞大學的神經科學教授馬明紅（Minghong Ma）主導的研究團隊，發現嗅覺在負責調節心情、情緒的大腦區域與呼吸間，發揮極為重要的功能。同時，更證明了嗅覺與呼吸的相互作用，有助於克服因焦慮引起的疾病。

馬明紅研究團隊以小白鼠作為實驗對象，研究關於恐懼反應與使用鼻子呼吸之間的關聯。先讓小白鼠聽特定頻率的聲音重複每十秒後，給予電擊一秒的刺激，之後一直只讓小白鼠聽接受電擊前的聲音。結果，小白鼠們只要一聽到那個聲音，就會立刻出現身體僵硬的恐懼反應。

下一個階段，則是塞住小白鼠的鼻子，意即讓小白鼠無法在感覺恐懼時使用鼻子呼吸。當使用嘴巴呼吸的小白鼠接受到相同的刺激時，身體僵硬的反應時間明顯變得更長，原

因就在於鼻子被塞住導致牠們沒辦法好好調節情緒。這項實驗，證明了使用嗅覺系統的鼻子呼吸一事，與情緒、行為存在密切關係。

換句話說，只要熟悉「呼吸技巧」就能好好處理情緒，藉由呼吸控制情緒，恢復身心的平衡。當負面情緒襲來時，請挺直脊椎，端正坐好，使用鼻子深深吸氣後，再用嘴巴長長地「呼」一口氣。深呼吸的時間，只要六秒就夠了。

當我們的大腦接受到來自外部的刺激，首先會被傳遞至杏仁核；杏仁核，是由「本能腦」負責掌管本能、情緒、行為的地方。此時，不到三秒就會出現情緒受傷、血壓升高、表情僵硬的反應。原因在於，大腦受到言語刺激後，只要三秒就能傳遞至杏仁核，而無法調節情緒的人，便會在三秒內做出反應。杏仁核在三秒內出現反應，是動物的本能反應，不過大多數人顯然會在事過境遷後，為自己的行為感到後悔。因此，請格外留意在三秒內出現的憤怒情緒。

剛才抵達杏仁核的刺激，接著被傳遞至大腦皮質；大腦皮質，是負責控制思考與語言的「理性腦」。至此，花費的時間同樣是三秒。

這就是希望各位先呼吸六秒的原因。就算有人對自己做

出負面的刺激，也不要急著跟隨本能腦，而是稍微等待該刺激抵達理性腦——外部刺激經由杏仁核傳遞至大腦皮質的時間，就是六秒！

只要堅持六秒，就能變得理性思考，能好好說話。情緒與理性協調的時間，其實比想像中來得短吧？然而，若是沒辦法撐過這段時間，人就會依循本能腦的指示宣洩，一口氣摧毀自己一直以來建立的人際關係與社會形象。

如果經常在杏仁核接收到刺激的當下受到本能的情緒控制，人體就會變得無法擺脫試圖做出攻擊性行為的狀態，不僅血壓、脈搏、呼吸會隨之加速，血管也會因為收縮而導致血液循環不順暢——這種時候，只要一開口就完了。所以，趕快使用六秒呼吸法是非常重要的。

如此輕鬆、簡單的呼吸法，卻發揮著足以協調自律神經平衡的神奇功效。如果希望能更進一步調節情緒，請重複呼吸法五次。我們會感受到自己的情緒隨著心臟與肺部的協調，出現令人難以置信的平靜。

六秒呼吸法

一起練習呼吸吧。

如果是坐在椅子上，請溫柔地伸展脊椎，

並緩緩收起下巴。

放鬆肩膀與胸部、背部、手臂等全身的力氣。

深深吸氣維持三秒鐘，

呼氣時，微微張口，

深深呼出所有氣體，

直到感覺自己的下腹內縮到底。

（使用鼻子）吸氣三秒，

（使用嘴巴）呼氣三秒。

現在，試著專注於呼吸的感覺。

使用鼻子吸氣時，

感受一下，

空氣進入肺部的感覺，

腹部變得膨脹的感覺，

以及再次使用嘴巴呼氣時，

肚子收縮的感覺。

閉上眼睛或張開眼睛都無妨，

試著感受一下呼吸時的自己。

感受一下呼氣有多深、吸氣有多深；

感受一下自己的呼吸聲是粗重，還是柔和；

同時，也感受一下呼氣與吸氣的溫度是否相同。

吸氣維持三秒後，

稍微屏息，

再呼氣維持三秒。

接著，慢慢拉長時間。

重複嘗試吸氣維持五秒後，

稍微屏息，

再呼氣維持五秒。

正念

運用五感的行為療法

體驗過如何藉由呼吸達到內心平靜後,即可開始練習活用五感。一般來說,我們大多是透過五感察覺到不舒服的情緒;當令人不舒服的情緒出現時,請試著專注於視覺、觸覺、嗅覺、味覺、聽覺的感覺。就像不舒服的情緒會在瞬間出現一樣,我們可以體驗到它同樣會很快消失。這即是辯證行為治療中的「正念」練習。與呼吸法一樣,現在就能開始輕鬆執行。

視覺

請凝視天空,看一看樹木、花朵也可以,或是專注地觀察一下流動的雲是如何變換形狀。試著利用手機蒐集那些激發幸福情緒的照片;點開相簿,集中注意力觀看,慢慢地看看記錄著摯愛的人、家人、自己最滿意的樣子、快樂時光的一張張照片。

觸覺

使用冷水洗洗手，然後使勁甩掉水；拍拍手；搓揉一下自己的手背與手掌，並逐一撫摸每根手指；輕撫自己的髮絲；撫摸與感受一下自己的耳朵長什麼樣子。

嗅覺

我會在書桌上擺放自己喜歡的香氛精油，時不時聞一聞；如果是喜歡咖啡的人，當然也可以嗅聞咖啡香；試著感受一下留在自己手背上的肥皂香與自己的體香，不妨也聞一聞風的味道。

味覺

吃自己喜歡的東西，巧克力、糖果、葡萄乾，無論是什麼都好，放進嘴裡，慢慢品嚐滋味吧！感受一下食物接觸舌頭的感覺、咀嚼時的質感，以及舌頭感覺到甜味、苦味、酸味的多樣性。另外，也充分感受一下唾液聚積的地方，以及唾液沿著喉嚨往下流的感覺。

聽覺

靜靜聽一聽此刻自己所處的環境有什麼聲音，闔上雙眼能夠讓人更加專心。專注聆聽風聲、人聲、雨滴落下的聲音、

音樂聲。另外，也可以戴上耳機，集中注意力聆聽冥想音樂。

心情好的時候，先擬訂一套指引。當感到憂鬱、無力時，務必時刻意識到這份有助於自己主動採取行動的指引。在那些令自己感覺不舒服的情緒竄湧而上之前，先將能夠排解情緒的方法存在手機的記事本裡。試著經常在腦海中進行模擬，以便隨時執行。

專注於此時、此地、自己的身體與感覺，自然就能在刺激與反應之間創造出寬廣的空間。情緒，源於無意識，而這些練習能讓其上升至「意識」的領域。只要懂得觀察、感知自己的思考、情緒、需求、言語、行為等自動反應，便能產生自主選擇反應的自由與力量，成為情緒的主導者。

壓力管理

把負面情緒當作生活的動力

韓國人最常使用的外來語第一名是什麼呢？答案是：Stress（壓力）。壓力，實際上是物理學用語，語源則是意指「緊繃」的拉丁語「Stringer」。我們天天都生活在體驗著內心緊繃的壓力之中，據說，就連嬰兒也會在照顧者無法滿足自己的需求時，感受到各式各樣的壓力。

我最近因為開始長白頭髮，體脂肪也逐漸增加，而感到有點壓力。各位應該知道人除了老化之外，也會因為壓力過大而長白頭髮吧？雖然黑色素幹細胞會隨著人的年紀漸增流失、長出白髮，但壓力賀爾蒙分泌得越多，也會造成毛囊的黑色素幹細胞大量流失，導致白頭髮的數量上升──重要的是，已經凋亡的幹細胞再也不會重生了。就算吃得不多，體脂肪依然不停上升這件事同樣帶來壓力──由於壓力會促進脂肪細胞活動，脂肪細胞的大小與數量也會因此增加。

許多人都會靠著飲酒來紓解社會生活帶來的壓力，但其實酒精卻會加重壓力。芝加哥大學的艾瑪·查爾斯（Emma L Childs）教授透過關於酒精與壓力的研究，證實了這項事實。首先向二十五名成人男性施加壓力，接著對他們施打含有酒精的注射劑並觀察其反應，發現受試者的皮質醇分泌量減少。皮質醇是針對緊急壓力做出反應的內分泌激素，提供人體對抗壓力的必要能量。一旦皮質醇的分泌減少，受試者們的壓力強度就會隨之提升，承受壓力的時間也會變長。

查爾斯教授表示，依靠酒精處理壓力的行為，實際上不僅會削弱應對壓力的反應，也會延長復原的時間；另外，她也認為使用酒精非但會導致好心情消失，還會出現越喝越多的傾向。這顯示了酒精對於紓解壓力毫無幫助。

如果不希望身心都老化得太快，首先必須學會如何妥善處理壓力，以及積極正向生活的方法。加拿大的內分泌學者漢斯·塞利（Hans Selye）是首位將「壓力」一詞用於醫學領域的人，他將壓力分為三個階段：

1. 警覺反應期
2. 適應與抵抗期
3. 衰竭期

塞利主張，人一旦在長期受到壓力折磨且無法排除壓力源的情況下，進入最後階段的「衰竭期」，除了會罹患精神疾病外，身體也會生病。更有趣的是，他認為壓力不是只會帶來負面影響，其實對身心也有正面效果。

　　壓力可以分為帶來正面效果的良質壓力（Eustress）與負面影響的惡質壓力（Distress），即使造成壓力的「原因」（刺激）一樣，症狀（反應）也可能不一樣。就算身處於相同的壓力情況下，有些人會選擇正面反應，有些人選擇的卻是負面反應。

刺激：必須在一個月內達成公司預設的業績目標。

反應：正面的良質壓力 or 負面的惡質壓力

　　請看看下頁的表格，你覺得如何呢？

　　由大大小小原因引起的壓力，隨時隨地刺激著我們。刺激數之不盡，反應卻能由我們選擇。

「刺激與反應之間存在空間。」

　　我們務必銘記心理學家維克多・弗蘭克的這句話。即使誘發壓力的刺激相同，我們卻能自主培養選擇反應的能力。只要選擇了正面的反應，就能提升達成期望目標的機率，惡質

良質壓力	惡質壓力
「雖然眼前的狀況很困難，但不妨試著挑戰與努力看看吧！姑且當作是考驗自己能力的機會。這就是讓自己更進步的大好機會！」	「我要瘋了！煩死了！誰都別來惹我，我受不了了。再繼續這樣忍下去，我一定會爆炸！」
壓力反而能為生活注入更多活力，有助於提升效率與創造力。	被動承受壓力，直到進入最後階段的衰竭期，即變成倦怠與過勞。

壓力也可以轉變成為良質壓力。

　　針對處理壓力的能力如何影響健康進行研究的學者們表示，易於罹患心血管疾病的Ａ型人格經常會出現以下感覺：

「難以忍耐。」

「老是有種被時間追著跑的感覺。」

「對競爭感到難受，卻處於激烈的競爭之中。」

「對於死線有著強迫症。」

　　只顧著專注於刺激，而不願嘗試將自己的反應轉換成為正面的話，勢必會提升自己罹患心血管疾病的機率吧？千萬不要忘記，培養自己將惡質壓力轉換成為良質壓力的能力，正是人有辦法越活越開朗、越有朝氣的最好方法。

Chapter 2

讓人生豁然開朗的
習慣練習

擺脫自動化的負面思考，
選擇好情緒的方法

想要擺脫憂鬱與焦慮嗎？

或許嘗試過很多次，卻因為孤軍奮戰的效果不太好，

反而再次陷入無力的惡性循環。

從現在開始，

與我一起練習將自動化負面思考的習慣，

轉換成為自動化正面思考吧！

以前也曾飽受憂鬱與焦慮所苦的我，

現在已成為懂得豁然細味日常的諮商師，

過著平靜的生活。

祕訣在於，

我花了很長時間努力創造一套自己獨有的思考習慣。

每當心情不好、負面想法湧現、自尊感低落、

完全提不起勁時，請翻開這本書。

試著藉由重複閱讀這本書，

促使大腦進行正面思考——

只要輕鬆、簡單的訓練，

就能讓你我的大腦變得正面！

老是陷入憂鬱感的原因

自動化思考的陷阱

獨自走在路上時，突然感覺有人睜大雙眼緊盯著自己。此時，各位會浮現什麼樣的想法呢？

「我今天看起來狀態很好吧？」

「我今天穿得太奇怪了嗎？」

「想吵架嗎？那是什麼眼神？」

腦海中可能會浮現各式各樣的想法。面對某種情況時，會像這樣自動與特定想法連結的模式，即是自動化思考（Automatic Thoughts）；亦可用來指稱當內心一浮現某個念頭的瞬間，便主動為此下結論的刻板印象。換句話說，即是無論面對任何事件或接受任何刺激時，都會反射性出現的想法。示意圖如右頁上方。

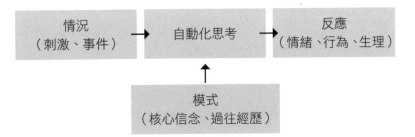

就算面對一模一樣的情況，每個人浮現的想法卻完全不同。有些人會開心地想著別人是因為自己很帥、很美才看過來，有些人卻不悅地認為別人是覺得自己看起來很奇怪，才以輕視的態度望向自己。為什麼每個人自動化思考的運作模式如此不一樣呢？

原因在於，每個人看待世界的視角不同。認知療法的創始人亞倫·貝克將其稱為「模式」（Schema），並主張當下的反應就像化學作用的發生一樣。當某種情況碰上自己的模式時，情緒與行為、生理反應就會在一瞬間發生。

當計畫中的事進展得不順利，導致失敗收場時，有些人會掉進悲觀的深淵，遲遲無法擺脫憂鬱；有些人卻認為雖然這次失敗了，只要重新站起身就好，默默鼓勵自己下次一定會成功。兩者間的差異，恰如其分地說明了何謂模式。

你的憂鬱，是一種習慣

每個人與生俱來的遺傳特質與成長過程皆不盡相同，有人沒有手足，有人卻有好多兄弟姊妹；有人的家庭既充滿愛又擅長表達愛，有人的家庭卻十分冷漠，也拙於表達情緒；有人家境富庶，有人家境貧寒；有人性格外向，有人性格內向；有人懶散，有人勤奮……難以數計的情況，當然也造就了每個人都擁有不同視角，也就是模式。

　　習慣負面思考與不理性信念的人，往往會因為經歷了幾次失敗後，開始把自己當作「我是什麼都做不好的人」；不過是搞砸了一次考試，便索性將自己定義為「我本來就不會讀書」。擁有自動化負面思考習慣的人，很有可能數十年間，甚至終其一生都是以這樣的思考模式生活。

　　放任這樣的自動化負面思考，最終可能會誘發憂鬱症與焦慮症。近來，英國倫敦大學學院（UCL）的研究團隊發表了一項報告，關於長期重複負面思考將會提升引發失智的阿茲海默症風險。

　　自動化思考就是如此牽動你我的情緒與行為，並造成決定性的影響，而我們卻完全沒有意識到這一切。一個人理應好好理解與處理自己的情緒，才能維持心理的平靜；但我們卻因為不由自主萌生的想法而變得憂鬱、焦慮時，又該怎麼辦

才好？我們有辦法導正在無意識情況下浮現的負面想法嗎？

當然可以。只要將這點銘記於心，自然就有希望——自動化思考是一種習慣。假設我向來是個悲觀的人，那麼正是自己花一輩子時間創造出來的模式，造成了這種自動化思考。想要擺脫憂鬱與焦慮，首先得要改變習慣。

當然不可能馬上下定決心說「停止煩憂，別再焦慮了」，就能在一夕之間改掉平常的習慣。我們需要透過訓練來好好檢視源於自己內在的情緒，以及改變左右自己想法與行為的自動化思考。

正面思考習慣的原理

置身於負面情況時，有些人會以不理性的方式面對，有些人則是運用理性、建設性的思考，選擇良好的情緒與行為。

讓我們變得焦慮的往往不是事件本身，而是面對事件的方式。哪怕是再負面的情況，只要懂得使用理性思考面對，自然就能避免被激發負面情緒或行為。

每個人的內在都有一定程度的憂鬱、焦慮、強迫、迴避、自責、憤怒、創傷、罪惡感。培養理性思考與選擇良好情緒

的能力，讓人即使身處於負面情況之中也不會選擇負面情緒與行為，而是採取理性思考與正面情緒、行為。

面對某些「事件」時，人一旦經歷過選擇負面情緒或行為的負面「結果」後，往往會將原因歸咎於「事件」本身。可是，實際上卻是由自己對於事件的「不理性思想或信念」造成了負面結果。

即便經歷了相同的事件，擁有正面「思想與信念」的人，自然會選擇正面的情緒與行為。因此，當我們因負面情緒感到難受時，也就意味著是時候做出不一樣的選擇了：藉由理性思考的練習，導正自己的「思考與信念」。

正面思考練習：導正思想 & 信念

+ **事件** 職場上司在會議時間對我破口大罵：「連菜鳥都不會犯這種錯，你明明一直做得不錯，偏偏在最後惹出這麼大的麻煩！」

+ **思想或信念** 必須完美履行被賦予的角色；必須成為受肯定的人。被他人指責，即是證明了自己是無能、沒有價值的人。

+ **結果** 我是無能的人，我是沒有價值的人，我是整天犯錯的傢伙。（負面情緒→自我貶低）

明明可以私底下責備我就好，偏偏挑在大家面前羞辱我！（負面情緒→不滿、悲傷、遭受侮蔑）

好想報復主管！（負面情緒→憤怒）

再也不想在不被肯定的地方受苦了，是時候辭職了。（選擇負面行為）

如果試著導正「思想或信念」，轉換成為理性思考呢？

+ **思想或信念** 犯錯確實是令人感到遺憾、傷心的事，不過我真的盡力了。每個人都有可能犯錯，也不可能永遠受人肯定。犯錯與不被肯定，不等於我是個沒有價值的人。只要藉由這次錯誤學到教訓，下次一定可以做得更好。

✦ **結果** 主管的評價不能決定我的價值，那只是主管個人的想法而已。我承認自己的錯誤，也藉由錯誤學習和這次的經驗，求取進步成為更好的人。（正面情緒→自我效能感、自尊感）

修補錯誤，並且準備得更加完善。從今以後，我會全力以赴，讓自己獲得成就感。（選擇正面行為）

有些人因為擁有不理性的信念，所以對一切事物都表現出負面情緒。我會建議盡量與這類人保持心理上的距離，原因在於，負面情緒的感染力遠比正面情緒來得強大。

當察覺自己的思考模式似乎固定成不理性時，請試著多製造與正面思考的人對話的機會。正面的思考與言語，有助於提升彼此的自尊感，共同成長。

請從現在開始練習理性思考，選擇正面情緒與正面行為。如此一來，便能培養克服負面情況的心理韌性。理性思考與選擇良好情緒的能力，都是可以培養出來的。

在閱讀這本書的各位之中，一定也有人努力了一次又一次，只為了擺脫憂鬱與焦慮。過程勢必不太輕鬆，或許也會因為嘗試了好幾次，卻老是覺得努力沒有得到成果，而陷入無力、沮喪的狀態。現在開始，讓我們一起持續練習如何將

負面思考習慣轉換成為正面思考習慣吧！

　　我以前也會不時就陷入自我貶低與孤獨、恐懼、焦慮的狀態；有些人的大腦確實比較容易感受到諸如此類的情緒。曾經如此的我，後來之所以有辦法成為過著平靜生活的諮商師，教授關於正面思考習慣的課程，實際上是因為我真的花了很多時間不斷努力，想盡辦法創造自己獨有的習慣。

　　現在，我想向各位分享這個祕訣與相關的經驗。正是因為體驗過習慣如何改變我的人生，所以我也想將這份喜悅送給各位。當然了，現在的我偶爾也會有浮現負面情緒、被負面想法偷襲的時候；不過，我不會再像以前一樣難受，也能很快擺脫那種狀態。只要重複體驗過正面的經驗，嘗試找出其中的樂趣、讓自己沉浸於愉快的情緒，自然就能改變我們的大腦。

擺脫自動化負面思考的練習

正向思考的力量

人類的大腦是如何接收負面情緒與負面記憶呢？好情緒或壞情緒各自被記錄在腦中的不同迴路，好情緒會經由「報償迴路」被儲存，而壞情緒則會經由「恐懼迴路」被記錄。

然而，大腦儲存負面情緒與記憶的時間更久。換句話說，比起愉快、興奮的記憶，糟糕、衝擊的記憶被記住的時間會更長。

為什麼呢？原因在於，生存導向是大腦運作的基本原理。大腦的進化，是依循對生存有利的方向而行。大腦會以暫時、短期的記憶型態接收身體感覺、情緒、想法等訊息，例如：我們會短暫記住第一次聽見的電話號碼直到撥完電話為止，這就是短期記憶。

不過，如果想讓這樣的短期記憶成為一年後，甚至十年後也能被再次喚起的長期記憶，則必須經過一連串的過程。此時，情緒即是介入這段過程的要素之一。帶有強烈情緒的訊

Chapter 2．讓人生豁然開朗的習慣練習　141

息，自然會被視作重要訊息來處理，成為必須長久儲存的高價值記憶。無論這股情緒是好是壞，涉及情緒的記憶往往會被儲存得更多。

當我們遭受指責時，自然會出現負面情緒，而此時會因為海馬迴與杏仁核的活躍，強化這段記憶並儲存起來。位在海馬迴旁邊，長得像杏仁形狀的杏仁核，其功能是負責將記憶與情緒結合後，儲存為長期記憶。尤其是在負面情緒出現時，人會對可能造成自己威脅的事物保留長久的記憶，好讓自己能迅速應對潛在的危險。因此，大腦對負面情緒的接收會加倍強烈，對於負面記憶也會記得加倍長久。

各位希望在自己的腦中儲存帶有什麼情緒的資訊呢？當然是良好的情緒吧？因為悲傷、痛苦的情緒實在太折磨人了。

為了儲存更多正面記憶，我們必須藉由正面經歷增加感受正面情緒的頻率。只是待在家裡的話，其實沒什麼感受正面情緒的機會，儲存正面記憶的機會自然也不多。不妨試著走出室外，吹吹風、走走路，看看樹與天空；認識一些值得學習、給予鼓勵的好人們，找些適合的課程去聽一聽也不錯。

當感覺恐懼、焦慮、無力時，變得更加活躍的杏仁核會將這一切儲存為長期記憶。因此，盡量減少讓自己感覺害怕、

沮喪的事，假設不得已感受到了負面情緒時，也要趕快讓自己感受更多良好的情緒，盡快脫離無力的狀態。如此一來，才能避免負面情緒被長期儲存下來的情況。想要享受充滿光明的日常，首先得要努力讓自己感受良好的情緒。

有兩種壞情緒會對我們造成有害的影響，那就是恐懼以及無力。

恐懼，指的是害怕特定對象或情況會致使自己受傷、死亡的情緒。雖然在我們的日常生活中不太會出現恐懼，但感覺無力的情況倒是不少。像是在職場上負擔過度的工作量導致壓力越來越大時，就有可能陷入對任何事都提不起勁或無法正常完成工作的無力感之中。

當感受到無力感這種負面情緒時，首先務必「快點」擺脫才行。雖然聽起來像是再理所當然不過的話語，但這就是效果最好的方法。千萬不要留給自動化負面思考任何啟動的空隙，讓身體動起來，就是即刻擺脫無力感的最佳方法！

我十分清楚無力感出現時那種連動都不想動的感覺，想必各位一定什麼都不想做。我也會在感覺無力時，躺在那裡什麼也不做，結果只是讓自己更難受，身心都變得一點力氣也沒有。然而，越是這種時候，越要拚了命讓自己起身——必

當無力感襲來，內心不斷掙扎時，

同理能力就會故障。

一旦同理能力出了問題，就會開始變得討厭自己，也許討厭別人，

甚至會對家人、同事、朋友造成傷害。

在這樣的時刻，先關懷自己才是當務之急。

須強迫自己的身體動起來才行，整理家裡也好，散步也好，務必讓自己的身體動起來。

運動不僅影響身體，也會對大腦與心理產生影響，所有增加身體運動量的事，通通都對大腦有幫助。生長激素、腦源性神經營養因子（BDNF, Brain-Derived Neurotrophic Factor）、腦內啡、腦啡肽等激素的分泌，皆會使人在運動後變得心情愉悅——意即讓人感受到正面情緒。

千萬不要放任自己難受。連自己都放任自己不管的話，身體就會開始出現異常徵狀。首先，會出現情緒同理能力的異常。所謂情緒同理能力，指的是理解與感受他人的情緒。想要同理他人，必須先仔細傾聽，了解其中的意義，而後才能理解心情。可是，當一個人的同理能力故障時，就會開始覺得這樣的過程很麻煩，並且變得討厭人；同時，也會隨著無法同理自己的心，變得連自己都討厭，進而出現隨便對待自己的行為。

開始責備、辱罵自己，換句話說，就是從無力感演變成為自我貶低。剛才有提到，當一個人對他人的同理能力下降後，就會開始變得討厭人，對吧？此時，受害最嚴重的往往是與自己最親近的家人，會討厭家人，然後覺得他們很煩、

很令人厭惡。

各位最該優先關懷的人是誰呢？是父母？子女？還是我們的另一半？

不。

是自己。

我們必須好好關懷自己，避免讓自己陷入無力的狀態。人一旦不關懷自己，就會變得越來越討厭自己。對自己的厭惡感越強烈，就會越討厭自己的家人，在公司對同事們不滿，連熟悉的朋友們也變得面目可憎。

關懷自己、愛自己，即是自我慈悲。在痛苦的時刻寬容地理解與關懷自己，而不是責備自己。我們都很清楚必須對他人抱持慈悲心，但其實懂得慈悲待己才是真正的慈悲。如此一來，我們也才會懂得如何慈悲待人。

我們應該安慰與同理自己，並且溫柔地對待自己。這麼做才能讓自己萌生想更進步的成長欲望，並且提升自尊感。自尊感越高，大腦也會變得越健康；健康的大腦不僅會有正面的思考，也能戰勝輕微的焦慮與擔憂，保護自己免於陷入自動化的負面思考。這樣的過程，即是使大腦變得正面的訓

練。藉由訓練，我們就能改變大腦，使其能正面思考。

有些人慣於自我貶低，總是說著「我絕對比不上您，才沒有這種本事呢」、「我長得很醜」、「我什麼都不懂」……等。這是因為謙虛嗎？不是，這完全就是自我貶低——謙虛源於自尊感，而自我貶低則是源於自卑感。

既然如此，為什麼要像這樣說出貶低自己的話呢？主要有三種原因。第一，為了激發同情心，藉以獲得關注；第二，降低外界對自己的期待值，避免他人對自己提出無理的要求或是迴避責任；第三，想在貶低自己的同時，可聽見他人說出「不會啊，你做得很好、很厲害」之類的回應，藉以恢復自信。

這樣的自我貶低策略在起初的一、二次確實有效，能成功引起周圍的關注並得到鼓勵。然而，隨著時間一久，大家卻逐漸開始迴避自我貶低的人。動不動就自我貶低的人，即是俗稱的「能量吸血鬼」，我們一次次的費心照顧，其實是在消耗自我的能量；而老是聽著滿滿的負面話語，導致自己也被感染憂鬱的情緒。大家自然而然就會想要迴避這樣的人。

千萬不要養成自我貶低的習慣，也不要經常責備自己。持續慣性且無意識地自責的人，很容易患上兩種疾病。

第一種，「千錯萬錯都是別人的錯」病。

「事情會變成這樣，全都是那個人的錯。」

「都是你害的，我的人生會搞成這樣，都是因為你！」

「唉，這就是我的命啊……都是和錯的人結婚，才會變成這樣。」

「生完你之後，我的人生就沒有一件事順利。」

「自從進這間公司上班後，我的工作都變得亂七八糟。」

擅長自我貶低的人，在別人身上找缺點就像在自己身上找缺點一樣簡單。因此，很容易就會把錯誤推卸到他人身上、責備他人。

第二種，是患上「自我防禦」（Ego Defense）病。

所謂的自我防禦，指的是為了保護自己而在無意識中啟動的心理機制。貶低自己的同時，又會想盡辦法為了自我防禦而辯解。

面對任何問題時，往往會採取「我沒錯，都是你的錯，我沒做過這種事」的態度，而不是「會不會是我哪裡錯了？」、

「該怎麼解決才好？」、「如何改變未來的情況？」……換句話說，就是罹患了無條件自我防禦病。

「言語治療」是養成正面思考習慣的最簡單方法，改變平常的說話習慣，藉以將負面思考與說話的習慣轉變成為正面思考與說話。請務必將現在要練習的正面話語大聲說出口，假如是自己不擅長的話語，更應該試著努力重複、大聲說出來。如此一來，才能變成屬於自己的話語，嵌入自己身上。

當悲觀思考的人遇上事情發展不如預期時，通常都會說出：「唉，任何事只要是我經手都會這樣，反正沒有一件事順利！」之類的話。

從現在起，即使面對情況不如預期時，也試著使用正面的話語：

「沒關係，託我自己的福，今天才過得這麼好，下次一定會更好！」

人在家裡說話總是特別輕鬆，「輕鬆說話」，代表的是不特別在意他人的目光，想到什麼就說什麼。當父母整天在家裡說著：「唉，什麼事都做不好，煩死了！」孩子們就會按照父母說的話，原封不動地吸收話中的情緒。不會馬上有反應的孩子們看似沒有注意，實際上卻一字不漏地聽進去了，

而且會完全記得當下的氛圍。於是，自我貶低、自責的想法與習慣，就在不知不覺間刻進了身體裡。

避免自動化負面思考的練習

我們必須經常在大腦儲存正面記憶、正面情緒，如此一來，才能在腦中安裝正面思考與發現正面、幸福的習慣迴路。當我們口說正面話語，並且以實際行動創造幸福時，生活就會開始改變。

倫敦大學心理學系研究團隊針對「人需要重複相同行為多少次，才能養成無意識的習慣」進行了一場實驗，結果顯示人平均需要二十一天開始形成習慣，而這個習慣需要六十六天才會在無意識下變得根深蒂固。

請試著每天至少說一次正面話語與進行正面思考，為期三週。經過三回三週後，我們就會在無意識下養成習慣，成為習慣說令人開心的話、向身邊的人傳遞正能量的人。

我們可以透過正面思考練習，打造一個對細微刺激也會產生幸福感的大腦。在刺激與反應之間的內心空間，各位必須決定自己要選擇幸福或不幸、正面或負面。此時，為自己的情緒命名是最好的方式。

當某人說了讓人心情不好的話時，我們的心情開始變差，情緒也變得不好，多數人都會因此做出憤怒、煩躁的表現。然而，假設有一個內心空間，我們就可以在這個空間裡為自己感受到的情緒命名——如果我們能在負面情緒湧現時，使用詞彙描述這些情緒的話，對於處理自動化負面反應會很有幫助。

「你為什麼看起來這麼無精打采？」

「不知道啦，就覺得心情很差，不知道什麼原因。反正就是心情不好，不要跟我講話。」

這只是一團模糊的情緒。如果選擇隨便以負面的方式表達「心情差」，情緒只會被掩埋起來。於是，情緒並沒有得到排解。想要排解壞情緒，首先得為情緒命名。當受到刺激時，我們可以先在反應前想一想：「這個情緒到底是什麼？」

不如讓我們一起練習看看，如何透過為情緒命名，來預防自動化負面思考吧！

正面思考練習：為情緒命名

一個人待在家裡一整天。今天完全沒有收到任何聯繫，既沒有訊息，也沒有電話。把電話簿的朋友從頭到尾滑了一

遍，不想聯絡任何人，更不覺得聯絡誰會讓自己覺得開心。心情很悶，但不知道這種情緒到底是什麼。

仔細想想，其實自己好像是在等待著誰的聯絡。雖然很想和大家聊天、和大家見面，但沒有和任何人溝通的狀態讓人感到鬱悶。這才知道自己感覺的「悶」，其實是「孤單」。這種情緒的名字是孤單。

「原來我是感覺孤單，原來我現在很孤單。」

像這樣感知、觀察自己的情緒後，又該做出什麼樣的反應呢？當人被憂鬱、悲傷的情緒纏住時，通常都會變得無力。前面曾經提過，關於恐懼與無力的感覺會被大腦長期儲存，對吧？我們必須改變反應，避免這樣的無力感被儲存起來，而「活動」就是擺脫無力感最好的方法。

「原來我是因為感覺孤單，才會出現憂鬱、悲傷的情緒。
怎麼做才能擺脫憂鬱感呢？
首先，跨出家門吧，就算只是在附近繞一圈也好。
邊走邊聽自己喜歡的音樂也不錯。
接著，不如來看一齣一直沒看的劇？
邊追劇邊吃美味的食物也不錯呢！」

試著找一找自己平常喜歡、享受的東西。假如當下沒什麼

特別的想法，也可以先列張喜好清單。列好清單後，把它貼在顯眼的地方。試著寫下能讓自己心情好的一切，越簡單、越接近、越容易取得、越能立刻完成的項目，越好。

如此一來，當腦海浮現孤單的念頭時，自然就能盡快擺脫負面情緒。可以的話，當然是越快脫離負面情緒越好；那樣的情緒就像流沙，越掙扎、越折磨，只會讓自己越陷越深，放任自己太久，就會變得很難脫身。有辦法迅速轉換情緒與想法的武器，其實一直都在你我的身邊。平常就多多試著與自己對話吧！

正面思考練習：與情緒短暫對話

一大早就覺得心情不好。昨天下班前，被主管罵了一頓，到現在還沒氣消。明明是因為突然出現變數導致時程沒辦法配合，卻把全部的錯怪在我頭上，實在讓人不爽。早上一起來就覺得頭好痛、整個身體好重，我思考了一下這個不好的情緒是什麼，才意識到自己感受到了「煩躁」的情緒。

替自己的情緒命名後，現在終於可以得到抒發，能夠和它對話。試著把「煩躁」這個詞寫在紙上，然後凝視著它；意即取出自己的情緒，以客觀的角度看待它。如此一來，原本失控的情緒就會慢慢平靜下來。

「煩死了！最近常常覺得不耐煩。

可是我明明不是一個容易不耐煩的人啊……

這個情緒很快會過去的。

煩躁啊，你快點過去吧！

工作的問題，只要一件件慢慢解決就好了。」

與情緒的短暫對話，是能即刻擺脫負面情緒的方法。因為短暫，所以好像沒什麼效果吧？不，這是一種意識。

負面情緒出現時，必須馬上開立緊急處方。一切都要「快點」脫離才行。因此，要趕緊採取緊急措施，不然下一步就是需要「動手術」了，得在黃金時間內儘速進行即時的緊急處理。尤其是對已飽受憂鬱症折磨的人來說，這個意識實在太重要了。像這樣，建立好自動反應系統後，我們就能以更輕鬆、快樂的情緒生活下去。

🌿 正面思考練習：創造自己的「情緒指引」

光是就職準備已經花了三年，看著身邊的朋友們，有人甚至已經順利升職，朝著成功邁進，我卻跟不上大家的腳步，還在原地踏步。每次壓力一來，我就會暴飲暴食，結果從大學畢業到現在已經胖了十公斤。不想踏出家門，也不想見任何人……什麼事都發展得不順利，搞得自己晚上睡不著，天

天被失眠折磨。

這樣坐立難安了幾天幾夜，彷彿未來只會發生數不盡的壞事。正是因為無法預測自己的未來，才會如此憂慮與恐懼。這種情緒的名字，應該是「焦慮」。

「原來我現在很焦慮。
為什麼會感覺焦慮呢？
是因為事情都沒有按照自己的計畫發展，
所以才會焦慮啊。
現在我能做的，就是專注在當下該做的事。」

然後，試著與焦慮對話。

「焦慮，你好！
你又來找我啦？最近很常來喔！
從小開始你就動不動來找我，搞得我很難受耶……
我希望從現在開始，我們偶爾見見就好。」

試著想一想，自己做什麼能減少焦慮。我會先寫下幾個自己焦慮時想要打電話給他們的人選，他們是有辦法讓我變得平靜，並且撫慰、支持我的人。「焦慮時打電話給他們」，是我自創的焦慮指引。

我當然不是打電話給朋友，然後劈頭就開始抱怨「我好焦慮，我煩惱多得睡不著」。如果是這樣的話，只會讓傾聽者也連帶變得難受，千萬不可以把接自己電話的人當作情緒垃圾桶，這是太過自私的行為。只是單純撥通電話，告訴對方「我剛好經過某個地方，想起你了」，並且問一問對方的近況就好。光是聽見對方的聲音，都足以讓內心變得平靜。

正面思考練習：比那個人成長得更多就夠了

昨天與朋友見面後，一口氣把這段時間累積的事都說完了。有朋友的老公因為升職而領到幾百萬年薪，也有朋友搬進了更大的房子；有人從公婆手上繼承了土地，也有人換了新車。邊說著「太好了吧！恭喜！」邊說說笑笑了一、二小時後，回家卻莫名感到悶悶不樂；不，越想越覺得心情很差：「為什麼大家開口閉口都在炫耀？再也不要和這些人見面了，省得搞砸自己的心情。」

明明是和自己非常喜歡的朋友們見面，為什麼一回家就出現這些情緒呢？與朋友們相比，總覺得自己很可悲、處處不如人。明明自己以前才是成績比較好、比較受肯定的那個人，但現在好像再也不是這樣了。在與朋友們的聚會上，再也沒辦法炫耀的我，似乎出現了「嫉妒」的情緒。

嫉妒，是與對方比較時，期望自己能比對方更佔優勢、獲得更多關注、更受人喜愛的欲望。既然知道了自己的情緒是「嫉妒」，便可以開啟對話。

「嫉妒！
我發現你只有在我和智英見面的時候才會來找我。
其實我也有比智英優秀的地方。
她是財力雄厚的有錢人，但我的人脈也很雄厚啊！
多的是喜歡我、想和我來往的人。
所以嫉妒啊，你不要每次在我和智英見面的時候出現。
讓我和智英開開心心地玩吧！
我們自己玩就好，你可以離開了。」

一旦開始嫉妒與埋怨他人，就注定成為永遠的輸家。大家不是常說「羨慕就輸了」嗎？其實，羨慕只是很自然的情緒，嫉妒才是輸。想要超越他人，不妨多學習、多閱讀、多修習好課程，只要比那個人成長得更多就夠了。

在痛苦的時刻寬容地理解與關懷自己，而不是責備自己。

我們都很清楚必須對他人抱持慈悲心，

但懂得慈悲待己才是真正的慈悲。

克服日常成癮的
思考習慣設計

拋棄壞習慣並建立好習慣的方法

　　世界上有兩種人，一種是一輩子都被壞習慣牽著鼻子走的人，另一種則是透過養成好習慣而成長的人。如果想成為後者，就不要再後悔與重蹈覆轍了，只要戒掉重複壞習慣的行為，打破重複「日常成癮」的循環就好。拋開藉口、辯解、自我合理化，下定決心就從現在開始。

　　所謂習慣，指的是根深蒂固地刻在身體裡，毋須任何思考也能自動重複的行為。早已變成自動化的行為，確實很難改——當然，更多時候其實是自己根本沒有認知到必須要改。一個人想要享受更進步、更幸福的生活，首先必須認知與改善錯誤的習慣。

　　理解大腦的「習慣迴路」，有助於戒除壞習慣。因為重複某種負面行為致使陷入習慣迴路，進而成為慢性習慣後，只會受累終生。

大腦前額葉負責人類獨有的心理功能，是掌管如何做出理性判斷、監督與指導行為、專注於重要事情等機能的地方。然而，當某個行為被重複數次後，前額葉便不再活動，而紋狀體與感覺運動皮質則會變得強化，形成「行為自動化」。

實際上，習慣就是重複某個行為，直到變成自動化的現象。由於有意識的前額葉在這段過程中幾乎不會運作，因此才會「不自覺」重複習慣行為。大家都知道持續越久的習慣越難改變吧？原因在於，不停重複造成的習慣迴路，會變得非常堅固，唯有果斷戒除，才能避免自己不樂見的行為成為習慣。

比起與生俱來的天性，習慣所發揮的力量更為強大。天性懶惰也無妨，只要養成勤勞的習慣，同樣可以改變自己的人生。滑鐵盧戰役的英雄威靈頓將軍（Arthur Wellesley, 1st Duke of Wellington）曾說過：「習慣是第二天性。習慣蘊藏的巨大力量，比與生俱來的本性強大十倍。」藉由訓練養成的習慣，足以抑制一個人原有的衝動傾向。

從早上起床到晚上睡覺前，我們有不少自動自發的行為。像是穿脫衣服、飲食、使用與放置物品、盥洗等反射性行為，但關鍵在於這些習慣究竟是好習慣或壞習慣。萬一養成了壞

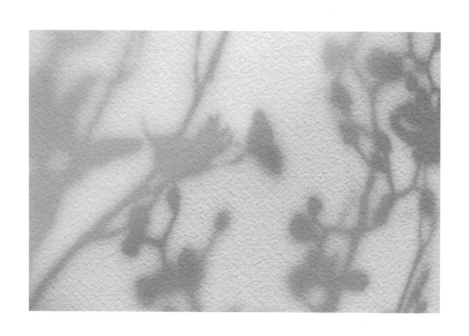

習慣，就算天性再好也會被摧毀；好習慣的養成，卻能幫助一個人克服不好的天性。好習慣，為我的人生注入一股強大的力量。隨著自己的年紀越大，好習慣便成了驅使自己過更好生活的動力。

試著享受建立良好的習慣。抱持著享受的心態累積越多正面的經驗，大腦會因此感到幸福。而幸福的大腦，也會使好習慣變得更加牢固。養成好習慣，顯然會為一個人的人生帶來驚人的良好改變。

根據研究報告顯示，有辦法持續進步與達成目標的人，往往不是因為擁有優良的基因與環境，而是因為擁有良好的習慣。真正能推動一個人成長的動力是自律、努力與韌性，而不是天生的才能。

各位是自律的人嗎？或是屬於努力的類型呢？只要具備一定程度的自律與努力，韌性就會自然出現。因此，堅持建立好習慣是極為重要的事。心理學認為，堅持的人比起擁有過人天賦的人更容易成功。

養成良好的習慣，是為了讓自己更快樂、更進步。試著訂個目標：只要比昨天變得更勤快 0.1% 就好。哪怕是再小的目標，每天只要勤快 0.1%，一年就能成長 36.5%，十年就能

成長高達 365%。如此一來，每年都能重新發現驚人成長的自己。

我們必須承擔起責任，能改變自己的大好機會明明就在眼前，我們卻總把付諸實踐拖到明天。習慣拖延，是成長緩慢的人的共通點。只要戒掉拖延的習慣，任何人都能出現顯著的成長。

據說，我們大部分的行為是由習慣決定的。懶惰與拖延的習慣，更是會遺傳給孩子的強大基因。與其傳承價值十億給子女，傳承「坐而言，起而行」的習慣基因給子女，反而能帶來更大的經濟效益。換句話說，我們從現在開始要學習的「說做就做」的習慣，比十億來得更有價值。

選擇正面思考與情緒的習慣

幸福的相反是什麼？就字面上來說，是不幸。然而，從心理學的角度而言，「不滿」才是幸福的相反。即使身處於相同的情況，有些人發現的是幸福，有些人發現的卻是不滿。

選擇正面思考與正面情緒、說做就做的習慣，足以改變一個人的人生。養成這三個習慣後，人生絕對會充滿幸福。讓

我們一起練習建立能喚來幸福的習慣，以及戒除造成不幸的習慣。

保障幸福生活的三個習慣：

✦ 選擇正面思考的習慣
✦ 選擇正面情緒的習慣
✦ 說做就做的習慣

煩憂太多了嗎？

經常感到焦慮嗎？

總是覺得無力嗎？

經常感受這些情緒也是一種習慣。童年時期教養自己的照顧者，影響了一個人選擇正面思考與情緒的習慣。可以在習慣說著正面話語與建立子女自尊感的父母底下成長固然很好，但擁有這種經驗的人其實意外地不多。畢竟，成為這樣的父母也不是件易事。

這麼說不是在埋怨父母。一個人可以埋怨父母的年紀，只到十八歲。從十九歲開始，我們就該由自己照顧自己。因此，我們必須努力學習。唯有不停學習，才能在了解新知後好好栽培自己，進而改變自己的人生。

人一天平均會醒著十七個小時。扣除睡眠時間，這十七個小時會建立人際關係，也會有四面八方的箭瞄準我們的心射過來。可是，每個人的反應卻不盡相同。有些人會概括承受所有的箭，讓自己血流成河；有些人卻能穿著名為「心理韌性」的牢固防彈背心，就算中箭了，也不會流半滴血。

另外還有一種人，就是射向自己的箭明明已經落地了，卻依然要刻意撿起來插進自己的心；隨後又抱持著「為什麼大家要對我這樣？為什麼只看不起我？」的痛苦心態踏進諮商室。諸如此類的案例多不勝數。

內心創傷，取決於自己的選擇。只要由自己決定要不要受傷、要不要百分百吸收對方說的話就好。很多時候，對方說話的目的就是讓我們受傷。完全吸收這些話，受到傷害，實際上就是親手把自己的情緒主導權讓給對方。請記得，**我的情緒屬於我，我的格調由我形塑。**

面對被他人傷害而上門諮商的人，我會建議他們拿出一張紙，寫下那些聽過的責備、誤會話語。接著，我會遞上一枝螢光筆，要求他們從這些話裡找出自己認同的部分後，使用螢光筆逐一畫記。令人意外的是，幾乎沒人完全不認同。換句話說，雖然被人責備很委屈，但其中確實存在某些值得認

同的自身缺點。

如果自身缺點得到認同，只要將其視作：「聽到這些話的當下，我的心情實在很差，但有些部分我也認同，謝啦！」畢竟，這其實也是自己改正缺點的機會。沒有被螢光筆畫記的部分，即是單純為了指責自己的話，也就是自己不認同的冤枉話。只要寫下「這些我無法認同」，然後把它丟掉就好。

這個過程，就是選擇正面思考習慣的練習。

人生在世，難免會因為聽到些冤枉話，或是遇到背負欲加之罪的委屈、關係破裂的經歷而感覺心在淌血。不過，這些只是當下發生的單一事件。如果以一概全，將這一切認知為自己人生的常態，最後只會錯過將來可以擁有的良好關係。這就是我們必須訓練自己選擇正面思考與情緒的原因。

說做就做的習慣

「日常成癮」，意味著無限重複自動化負面行為模式的狀態。請各位試著想一個自己的壞習慣或想戒掉的習慣，接著，思考一下自己為什麼想要戒掉這件事，其中勢必存在著明明想戒卻怎麼也戒不掉的原因。要改正這個壞習慣的話，

究竟該慢慢戒或果斷戒掉呢？當然是果斷戒掉比較好。

只要下定決心「從今天這一刻開始，我要改變！」，我們的大腦就會開始緊張。開始出現變化，就是好的信號。

同時，我們也必須學習自己想要的新習慣；簡單來說，就是在戒除壞習慣的空位種下新習慣，像是天天閱讀、每天聽一堂好課、每天規律運動等。

🌿 轉換環境

只要試一次以行動實踐良好計畫後，人生就會從那天開始出現驚天動地的變化；原因在於，大腦會強烈地記憶行為。可是，付諸行動實在太難了——如果是這樣，請試著轉換所處的環境。

舉例來說，假設是想養成閱讀的習慣好了。只要待在家就會變得無力，甚至連坐到書桌前都覺得麻煩，而且還會一直想要看手機或電視，實在沒辦法輕鬆挪動身體。既然如此，就必須改變環境才行。

「週末早上起床後，一定要前往圖書館。」

「週末早上起床後，一定要拿起一本書，並前往咖啡廳閱讀至少五十頁。」

像這樣擬訂一套指引，會是不錯的方法。

不轉換環境，真的很難養成新習慣與改變心態。千萬不要依賴自己的意志力！轉換環境比堅定意志來得更有成效，首先，就移除所有會誘惑自己的東西！其實，大腦會不斷誘惑我們維持在舒適的狀態，做出「追求舒適」的判斷，是大腦的本能。換句話說，當感覺緊張或恐懼、焦慮時，大腦就會踩下煞車，藉以舒緩緊張，要求我們放輕鬆；「三天打魚，兩天曬網」的原因，就在大腦。

假如下定決心降低體脂肪的話？

把餐桌上的麵包、餅乾、高熱量飲料通通丟掉或送給想要的人。

假如一整天都放不下手機，簡直已經到了手機成癮的程度？

晚上十點關閉電源後，把手機放在玄關的鞋櫃上。

慢慢減量，對於戒掉壞習慣並不會有幫助。唯有在下定決心後就立刻戒除，杜絕接觸的可能性，才能提升成功機率。這就是戒除壞習慣成癮的第一步！

🌿 自動行為規則

　　各位此刻腦海中浮現的「日常成癮」是什麼？我一直都有拖延的習慣，這樣的慣性拖延，是這輩子最困擾也最阻礙我進步的習慣。我曾經是個拖延成癮者，甚至經常為此看自己不順眼。為了擺脫日常成癮的拖延，我在家中各處都貼滿了便條紙。像是常常會見到的鏡子、汽車方向盤、研究室書桌等，只要是我視線經常停留的地方，通通寫滿了非常具體的行為規則。善用眼睛一看到就行動的方式，提高實際行動的機率。

　　我會制訂像是「一定要○○○」的「自動行為規則」，也就是一定要自動採取行為。

✦ 一定要在三十分鐘前抵達約定地點。
✦ 一定要在截止時間一小時前送出報告或稿子。
✦ 一定要提前十五分鐘抵達月台等待列車班次。
✦ 一定要在旅行前一天晚上完成行前準備。
✦ 一定要在重要合約簽署兩天前準備好書面資料。

　　上述都是自動行為規則的例子，各位也試著制訂自己的具體行為規則吧！

　　我在學習神經科學的過程中，一直堅持相信：「**大腦會隨**

著人的努力出現各種變化。」即使是大腦本身的問題引起的壞習慣，同樣可以藉由意志力與有效的技巧順利擺脫。

加拿大卡爾頓大學的蒂莫西・皮奇爾（Timothy A. Pychyl）教授主張，拖延行為與情緒調節有關；刊載於期刊《心理科學》（*Psychological Science*）的研究也證實了這項事實。根據兩百六十四名受試者的大腦影像分析結果，顯示比起沒有拖延習慣者，有拖延習慣者的杏仁核尺寸較大。

杏仁核是大腦負責感受情緒的區域。由於杏仁核大的人感受行為結果帶來的焦慮更為強烈，因此容易在開始進行某件事前表現出猶豫、拖延的傾向。儘管我們無法縮減杏仁核的尺寸，但只要掌握神經科學家們提倡的方法，同樣可以擺脫拖延習慣。

✦ 開始做某件事前，盡量移除可能造成阻礙的因素。

✦ 關閉手機電源直至完成工作。

✦ 把自己移動到沒有干擾的空間，或有辦法專心的環境。

✦ 擬訂能在短時間內盡可能全神貫注後，享受短暫休息的計畫（專心三十分鐘後，休息五分鐘）。

✦ 儘早設定截止時間。

✦ 具體擬訂詳細計畫。

✦ 拜託熟悉的親友檢查、鼓勵自己的實踐計畫，或邀請對方一起參與。

想必會有人提出這樣的疑問：「習慣了一輩子的事，真的有可能改掉嗎？」

我可以充滿信心地回答：

「有可能。」

只要擬訂具體的行為規則，持續實踐一次又一次，絕對可以從此成為自己的習慣。重複做二十一天後，就會開始養成習慣；重複做六十六天後，就能形成無意識的習慣。

每天持續實踐，是很重要的關鍵。假如中途有一天沒做的話，又該怎麼辦？只要回到起點，重新開始即可。遵守自動行為規則二十一天後，新習慣就會烙印在我們的大腦裡。大腦會認為：「這個人好像變了！現在不再拖延，說做就做，動起來！」換句話說，就是建立了全新的思考習慣。

持續實踐三週後，就會產生繼續維持三個月的力量；維持三個月後，就會產生繼續保持一年的強大力量。

訂好自己專屬的自動行為規則，下定決心並大聲唸出來，然後立刻練習實行。請相信自己的大腦——它絕對是最支持

你我改變的牢靠盟軍。

如果想改變無力、憂鬱的日常，務必把擬訂的自動行為規則當作咒語一樣背起來。眼睛看見與耳朵聽見的僅是學習，而不是行動；可是，用自己的聲音一個字、一個字大聲唸出來的，就是「行動」。我們的大腦最喜歡誰的聲音？就是我們自己的聲音！請用自己的聲音充滿力量地喊出來後，馬上開始行動。

人只要養成了有助於自我成長的好習慣，便會充滿自我尊重感，在對人處事的關係上也會形成自信，激發朝氣勃勃的能量，自然成為他人想一起聊天、共事的人。

我也曾有過因為養成了好習慣，感覺自己恍如重生般的經歷。一般來說，我都會在凌晨四點半起床，這是我從十幾歲開始就有的習慣。高一時，我非常憂慮「萬一自己考不上大學怎麼辦？」，隨著憂慮的程度越來越嚴重，我甚至出現恐慌的感覺，於是父親開始陪我一起在凌晨四點半起床。後來，也是父親將自己在某本書裡讀到的二十一天－六十六天定律告訴了我。

陪伴我在凌晨四點半起床，是父親留給我最珍貴的遺產。直到現在，我依然會在四點半起床寫作、閱讀、備課直到七

點。善用這段寂靜的凌晨時光，真的是件太棒的事，能因此將專注力發揮到極致，俐落解決白天就算花上五小時也搞不定的工作份量，所以對我來說，這絕對是最寶貴的時間。

每天寫一篇 A4 紙份量的文章，一年就能累積三百六十五篇文章。以這個份量來說，大約可以出版三至四本書。大家總說自己的人生故事等同於十本小說，卻幾乎沒有人真的把它實際寫成書。只要養成寫作習慣，每個人都可以隨時將其集結成冊出書。近來的獨立出版品也可以依照個人需求，進行少量生產。若是像這樣製作而成的書能夠意外地受到讀者喜愛，說不定也可以成為暢銷作品；重點就在於：「實踐」。

光是實踐，就能成為實力。只要實踐，就會產生機會。如果有心想要寫一本書，請從現在就開始行動。願望在付諸行動的那一刻，便已經實現。

我現在想開始做些什麼？

我想養成什麼習慣？

只要能夠回答出以上問題，代表你已經準備好重生了。

我的大腦會永遠支持我。

只要願意相信與嘗試，就能馬上動起來！

秉持信念並大聲唸出來，

現在就開始採取行動，實現心中所願吧！

讓焦慮的人也能變得輕鬆的小習慣

焦慮時該做的三個行為

齊克果（Søren Aabye Kierkegaard）曾說：「人只要活著，就絕不可能擺脫焦慮。」他認為若想找回自我，首先得要以焦慮為師。我們都該明白，焦慮是人類必然經歷的情緒。焦慮，既是人類內在最本質的要素，也是極度自然的現象。

任何人都會感受到焦慮，但感受的程度或處理方式卻完全不一樣。焦慮程度高的人，通常都擁有事事追求完美的心。另一方面，當自己想把事情做好，卻怎麼努力都無法成功，因而累積了許多失敗經歷後，這一切就會被強烈地感知，導致焦慮不斷擴大。因此，也可以說焦慮其實來自於未來，意即對於尚未發生之事的莫名恐懼。

請試著想一想日常生活實際擔憂過的大小事，那些煩憂過的事、焦慮過的事、恐懼過的事，後來是不是真的造成了什麼嚴重的後果？這些事，每次都釀成大禍嗎？我們擔心的事，結果真的都實現了，而且留下難以抹滅的創傷嗎？答案

想必是「幾乎沒有」。因此才會有句話說：「你所煩惱的事，有 96% 都不會發生」。

如果一個人經常感到焦慮，或許是已成為了「將現在時間典當給尚未發生之事」的焦慮奴隸。我們必須仔細回想一下，當自己過去為某件事煩惱時，這件事最後是不是真的發生了呢？當自己為了某件事，坐立不安得快發瘋時、焦慮得無法入眠時、工作不順利時，請務必將讓自己感覺焦慮的原因寫在紙上。等到經過一段時間後，再拿出來確認看看。這件事真的發生了嗎？或是根本連發生的跡象也沒有呢？只要試著將自己的焦慮寫成實際的文字，並且好好確認過後，自然可以弄清楚這些事究竟有沒有發生，如此也能更快安撫焦慮的情緒。

就演化心理學的觀點而言，焦慮是人類生存與繁殖的必要因素。人類為了保護自己免於猛獸與大自然的威脅，開始出現蓋房子與築圍牆、製作武器等行為；這正是基於「萬一野獸突然闖進來怎麼辦？」、「萬一傷害到我的家人怎麼辦？」的焦慮，因此創造了工具，然後築牆蓋屋，想盡一切辦法保護自己與家人的安全，也才得以存活。

試著想一想務農的過程。今天播種，有可能明天就結果嗎？勢必得等上幾個月才有辦法結成果實。正是基於「一旦現在不勤奮工作，等到秋冬，甚至春天來時就得挨餓」的焦慮感，才認真埋首工作。再加上，也會擔心萬一只種植單一作物的話，說不定還得冒著歉收的風險，所以選擇分別種植數種作物。

像這樣遍布人生處處的焦慮，不僅是我們的生活必需，更有助於你我好好活下去。同時，亦會促使我們成長。焦慮，與人類存活的歷史共存至今；焦慮，也是生存的必要情緒。

既然明白了焦慮是人類必要的情緒，不妨從現在開始在焦慮湧現時，不慌不忙地將它轉化成為能量與動力。只要秉持信念，自然就能實踐。

「我確實是經常感到焦慮的人，但也因為焦慮，我才得以變得更努力、進步。沒關係的。」

時時謹記自己的正面經驗，如此一來，我們就能善用焦慮，把它轉化成為正向與面對挑戰的能量。「把焦慮連根拔起」、「消滅焦慮」，這些都是不可能的事，更不是好的方法——只要把焦慮變成正面的能量來使用就好。

不過，假如沒有把焦慮變成正能量善用，甚至放任不管的話，最後就會變成「無力」。想必各位一定都有過飽受無力折磨的經驗吧？情況嚴重時，連伸出一根手指都變得好難；甚至連起床坐好也沒辦法，躺著的時候卻又不斷透過「為什麼我會這樣？」、「為什麼我這麼懶惰？」、「到底什麼時候才能振作起來？」來責備自己。

如果焦慮時什麼也不做，只是靜靜待著，真的會有一股可怕的無力感襲來，沉重得彷彿千萬斤的身體動也不了，內心更沒有絲毫活力。因此，我們必須在焦慮時「動起來」，練習將焦慮轉換成為好的能量！

當焦慮吞噬我們時，務必做以下三件事：

1. 變得厚臉皮

當一個人感到焦慮時，通常會從自我省察開始，忽然開始端詳起自己究竟是什麼樣的人，不停翻找缺點出來反省。

「我到底為什麼會這樣？」
「為什麼我這麼沒有自信？」
「對未來真的感到好焦慮。」
「我好像既沒錢，也沒能力。」

「大家好像都不太喜歡我……」

「我有辦法好好活下去嗎？」

發生問題時，有些人習慣先怪罪自己，對自己格外嚴厲，深怕自己造成他人的困擾。具備這些傾向的人，被稱為回聲型人格（Echoist）；與自戀型人格障礙的自戀傾向（Narcissistic）特徵完全相反。回聲型人格正是因為自我省察過度，才會造成自尊感低落。

試著在焦慮時想一想自己做得好的部分，而不是急著思考自己是不是做錯了什麼，或是反芻失敗的經驗。請把自己平常做好的事、渺小卻順利達成的各種成果逐一寫在紙上。為什麼非得在紙上寫出來呢？人在焦慮、憂鬱、痛苦時，以文字寫下自己的想法後，使用眼睛確認與唸出來讓自己聽見的行為，可以刺激我們的大腦；簡單來說，就是將抽象的想法轉換成為伸手摸得到、肉眼看得見的實際物質。如此一來，便能有效整理頻頻湧現的思緒。

十三年前的我，也曾經因為焦慮與強迫症太嚴重，必須靠著服用藥物才得以撐下來。只是，吃藥卻完全無法讓內心變得輕鬆。現在，我想把當時嘗試過無數方式、親自體驗一次又一次後，才終於領悟到的有效方法告訴各位。以下就為大家介紹當時拯救了我的祕訣。

內心越難受、越焦慮時，請試著拿出紙張寫下自己的成功經驗。

- ✦ 我順利考上理想的大學
- ✦ 找到了工作，也開始賺錢
- ✦ 與喜歡的人談戀愛
- ✦ 生下可愛的孩子
- ✦ 我負責的企劃很成功，而且還領到獎金

就像這樣變得厚臉皮，大肆炫耀一番吧！寫下曾讓自己感到成就感的大小事後，下巴就會不自覺地揚起，視線也變得由上往下看。藉由這樣的力量姿勢（Power Posing），好好抬舉自己吧！

2. 前往一望無際的地方

當感覺強烈焦慮、無力時，請試著打起精神，看一看自己的周圍——當下身處於狹窄空間的機率其實很高，因為我們誰也不想見，只想躲在自己的洞穴裡。然而，越是待在狹窄的空間，感覺也會越強烈，於是就會放大自己的焦慮與憂慮、恐懼。

請在白紙上畫一個點。

假如把這張紙摺得小小的，結果會變成怎麼樣？

比起大尺寸的紙張，這個點的存在感是不是變得更強烈了呢？人在焦慮、充滿負面想法時，越是覺得無力、覺得快被負面情緒淹沒了，越應該盡快擺脫洞穴，去趟遼闊的地方，藉此感覺自己的存在有多麼渺小。請踏出門，前往一望無際的地方吧！

　　我偶爾會用天文望遠鏡看看土星或木星。藉由親身感受宇宙的浩瀚，反思自己是多麼渺小的存在。仰望月亮時，也是如此。感覺自己的渺小後，焦慮的感覺也會隨之減弱。若是一直待在狹窄的房內，擔心、憂愁、焦慮的份量就會變得越來越大，最後直接把我吞噬。但只要去趟遼闊的地方，自然就會在感受到空氣暢通、視野開闊的那一刻，發覺自己的焦慮與煩憂逐漸縮小。

　　請與值得信賴的人見個面，聊聊天，他們會說出我們需要的那些話：

　　「我也有過這種經驗。所以你很快就會沒事，那些事都不會發生。」

　　「拜託，你厲害的東西可多了，好嗎？你是因為最近身體不舒服，焦慮才變得比較強烈，沒關係的。」

　　這些話語看似沒什麼大不了的，卻能帶來極大的力量。

千萬要記住，不要在焦慮與無力感變得嚴重時，放任自己一個人一直待在狹窄的空間哦！

3. 感受小小的成就感

大家知道經常感覺焦慮的人的共通點是什麼嗎？答案是：擬訂的計畫太大了。

富有野心的他們，夢想往往也很大。舉例來說，假設訂下了要在一個月內寫一本書的計畫。眼看著死線越來越近，卻連一個字也沒寫出來的話，結果會是如何？明明應該完成的事，卻沒辦法完成，當然就會被淹沒在「一個月好像寫不完……到底什麼時候要寫？怎麼辦？」的焦慮之中。

正是因為山太高了，才不敢妄言攻頂。結果搞得自己被計畫壓得喘不過氣，既痛苦又自責，最後只能把自己臭罵一頓，陷入無力之中。放任焦慮不管，結果就是如此。我們總是訂下偉大的計畫來鞭策自己，最終反而讓自己變得更加焦慮。因此，千萬不要賦予自己太大的任務。

「你必須做！必須完成！做就對了！提起精神！靠意志力繼續下去！」

我們的內在都住著老是交代過量功課，動不動就責備、催促的監察官。可是，對於實際上根本負荷不了這一切的我們來說，只覺得「好害怕」、「我做不到」、「焦慮」、「好想放棄」，最後逐漸陷入了無力的狀態。

這種時候，請給自己一些小任務。

像是「一天只要寫一段，或者三句就好」等百分之百會成功的小事。每當早上起床後，思考著今天該做些什麼時，一想到自己能完成的事後，自然不會感到焦慮。

> 頻繁的失敗會降低自我效能感，
> 自我效能感的低落，並不會變成動力；
> 一旦缺乏動力，只會再次遭遇失敗，
> 最後變得頹喪無力。
> 請從成功機率百分之百的小事開始做起。

在此，我打算更具體地討論一下前文提及的行為處方。這些都是我正在實踐的項目。我以前會在每次換季時訂下大掃除的計畫，甚至想按照季節換上適合的室內擺設，然後清除窗框累積的灰塵、拿出當季的服裝，為整個家進行一場大規模的整理與清潔。然而，有別於計畫，我最後只會為此憂慮整個月。根本也不敢去想任何關於「大掃除」的事。結果，

家裡非但沒有整理，還變得加倍混亂。於是，我改變了戰略。我決定簡單打掃就好，而不是大掃除。

早上起床後，拿出一張紙寫下來。列出幾項今天成功機率百分百的小任務；如果可以標記號碼會更好。

1. 立刻洗碗
2. 洗些衣服
3. 整理梳妝台

洗碗，是能力範圍辦得到的事。不過，想一口氣洗完累積太多的份量又覺得好累，所以最好在沒有累積那麼多的時候就馬上處理。洗衣量少時，曬衣服與摺衣服也不會太辛苦。我用的是 3.5 公斤的超小洗衣機，通常會每天或兩天洗一次衣服；這樣的話，曬衣服與摺衣服的時間也花不了幾分鐘。

除此之外，給自己一些像是收拾書桌桌面、整理包包內側、收拾床鋪與邊桌、整理衣櫃第一格抽屜等小小的任務。雖然勤勞的人看了可能會覺得太不像話，但對我來說，這種程度剛剛好——唯有這樣，才能確實完成與實現。

完成諸如此類的小事後，我便不再感到焦慮。像這樣藉由每天累積小成就感、小成功，就能讓自己擺脫無力感哦！

讓我們一起列出焦慮時一定得做的三個行為吧？

1. 變得厚臉皮。不要自我省察，好好炫耀自己一番。

2. 前往一望無際的地方。去趟感覺自己的存在很渺小的地方、見一見能夠為自己注入正能量的人。

3. 感受小小的成就感。實現的喜悅與滿足感會產生能量。

千萬記住，各位現在憂慮的那些事，實際發生的機率只有 4%。或許有人會說：「那也是有可能會發生啊？」但假如天氣預報說今天降雨機率是 4% 的話，你會帶傘嗎？說不定你連降雨機率 40% 都不帶傘了。因為你很肯定，降雨機率得超過 50% 才真的會下雨。

不要為了已經結束的事與尚未發生的事，消耗自己現在的情緒與思考。人會隨著年紀越大，變得越有智慧──這是來自經驗的智慧；畢竟，我們全都體驗過了。

沒有任何痛苦會永遠持續，
一切都會過去。
請相信，一定會過去。
當時，感覺自己好像快死了，
真的沒有辦法呼吸了……

可是，這些痛苦已經結束，
終究會隨著時間過去而被遺忘。
畢竟，你已經體驗過那些經歷了。
把那些經歷記錄在筆記本裡，
寫在紙上後，放在顯眼的地方。

告訴自己，
這些焦慮，
這些痛苦，
已經結束了，
已經過去了。

回聲型人格的特徵與行為

✦ 對於自己變得特別感到恐懼，或是害怕任何形式的與眾不同（與自戀傾向者相反）。回聲型人格會在自戀型人格成為矚目焦點的期間成為影子，或是扮演提著聚光燈、照亮自戀型人格的角色。

✦ 只要在關係裡做錯任何事，就會立刻責備自己（自戀型人格勢必也會責備回聲型人格）。

✦ 專注於滿足他人的需求，而不是自己的需求。為了讓自己喜歡或鍾愛的人盡情表達想法、意見，寧願放棄自己的發言權。

✦ 重視關係多於自己，也會為了維持關係做出犧牲。忙著照顧他人，卻沒能關心自己。

✦ 回聲型人格相當敏感，且同理能力強。通常都是小時候很聽父母話的類型。不會善用過人的同理能力照顧自己，而是用來創造與他人的和諧——因為這就是他一直以來被教導該做的事。

- ✦ 回聲型人格對於請求他人的幫助感到十分不自在。這種類型的人認為，別人沒有餘力來幫助自己。既然自己會因為得不到幫助而感到無比難受，索性不要提出自己需要幫助的請求。

- ✦ 討厭稱讚。由於不知道應該在接受稱讚時做些什麼，因此對於聽到讚美的話感到渾身不自在。

- ✦ 不沉迷任何事物，也不喜歡被詢問喜好。

- ✦ 不想成為他人的負擔。這種類型的人認為，如果自己表現出壓力或向他人提出任何要求的話，會破壞人際關係。

- ✦ 自認沒有享受快樂、喜悅的資格。在性方面，也很難在床上表達自己的需求。

摧毀自己的故障念頭

妨礙合理判斷的思考偏誤

　　如果老是為了自己心情不好而選擇負面情緒的話，我們會因此錯過許多機會，也會錯過許多好人。你是否曾經因為雞毛蒜皮的小事而不悅、沮喪無比，最後選擇遠離人群呢？是否曾因負面評價自己的習慣，導致無法接受挑戰，甚至把自己變成了自尊感極低的人呢？

　　我們都可以成長為一個好人，直到離開這個世界的那一刻。人類的大腦有能力養成良好的習慣，並將你我變成更加正向的人。這個結果當然不會在一夕之間出現。但只要將這本書介紹的方法銘記於心，並且努力實踐，一定可以邁向更加正面與幸福的人生。

　　我們的大腦在認知與判斷某個情況時，會因為錯誤的認知活動導致思考錯誤而選擇負面。換句話說，即是沒有依循邏輯思考，反倒陷入自身的情緒之中，最後演變成奇怪的邏輯——這就是所謂的「思考偏誤」。

　　思考偏誤也是認知行為治療時會使用的詞彙。只要能夠察

覺囚禁自己、進而造成自己負面思考的思考偏誤，就能從內心的監獄走出來。從現在開始，試著讓自己練習避免無法正確感知現實，或扭曲實際情況、意義的思考偏誤吧！分析自己的思考偏誤，有助於讓思維模式變得正面。藉由這樣的練習過程，就能建立自動化正面思考習慣。

正面的大腦與負面的大腦，並不是由基因決定，只是依循我們的無意識引導罷了。無意識會受到一個人在童年生長的環境與經歷影響；假如曾經遭遇多次失敗或害怕的經驗，最後就會累積成為負面的無意識。不過，即使是負面的無意識，也可以透過正面思考習慣重新設定。

各位的大腦擁有什麼樣的思考習慣呢？是自動化正面思考嗎？或是自動化負面思考呢？沒有人會永遠正面或負面，而是會隨著狀態變得不一樣。當各式各樣的事在短時間內一擁而上，整個人累得半死不活的時候，負面思考的傾向就會變強；如果是在健康的狀態，或者是心情很好，也沒什麼需要操心的事時，自然就會容易正面思考。

接下來，我們會練習如何意識與改變自己隱藏在自動化思考裡的想法。正面思考的訓練，也可以改正一個人隨著情緒轉換態度的習慣。

⚘ 錯誤 1：以偏概全

這是你我都再熟悉不過的思考偏誤。所謂「以偏概全」（Overgeneralization），指的是在面對特定情況時，急著根據過往經驗概括每件事。擁有負面思考大腦的人，通常都會習慣把負面情況常態化。

「這件事我做不到。」
「我本來就是個倒楣鬼。」
「我從來沒有把試考好過。」
「本來就沒人喜歡我。」

像這樣由「無意識只選擇負面與悲觀」的想法，大腦逐漸變得自動化負面思考，人生不免就會變得太過憂鬱、身心俱疲。此時，主動從束縛自己的規則裡發掘例外的實例，就是反駁急著把錯誤以偏概全的最好方法。

偏誤的話語

我不會說話。總是支支吾吾，一次也不曾有條有理地表達自己的想法。

讓我們想一想。自己一直都是不會說話的人嗎？平常別人和自己對話時，會不會覺得「這個人真不會說話」？其實，

這樣的機率極低。若是不盡快導正以偏概全的思考偏誤，最後就會因為被困在負面信念之中，真的成為這種人。大家都聽過「說話會變成種子」這句話吧？以心理學的角度來說，這種情況稱為「負面的自我實現預言」。正是因為不停想著自己是不會說話的人，於是開始減少表達自己的意見或上台報告，慢慢變得越來越不會說話。

請從自己的思考規則裡找出例外，這是百分之百存在的。試著大喊一聲：「不是！」這聲響亮的否認正是自動化負面思考啟動時，需要的「緊急煞車系統」。請大喊一聲「不是！」後，想一想有什麼實際的例外吧！

找出例外

不是！雖然我不擅長上台報告，但在朋友面前其實很會說話，單獨和人聊天時，也經常說出好笑的話；在認真注視著我的眼睛、不時點頭表示同意我想法的人面前，更是滔滔不絕。這種時候，我也曾被稱讚過很會說話。

這種例外一定存在。時常在日常生活中練習找出例外來導正思考偏誤，是很重要的事。如此一來，便能在浮現出自己是「不會說話的人」的負面想法時，即刻轉向正面思考。

🌿 錯誤 2：二分法思考

　　二分法思考（Dichotomous Thinking）是只往極端思考，完全不願意尋找平衡點的非黑即白型思考模式。由於「不成功就是失敗」的想法，因此堅信讀書必須拿到一百分、不計代價達成工作目標；簡單來說，即是完美主義者尤其容易陷入的思考偏誤——將不完美與錯誤畫上等號的判斷方式。

偏誤的話語

　　苦讀了一年，卻沒有考上公務員考試⋯⋯人生毫無意義。

找出例外

　　不是！我最清楚自己一直以來都很認真讀書，重要的是，我訂立了目標，也努力實踐——我是懂得努力的人，也是非常堅持的人。

🌿 錯誤 3：斷章取義

　　斷章取義（Selective Abstraction）是只聚焦在小地方，並且藉此作為判斷整體的根據。不會在考慮各方面的因素後才下判斷，而是只考慮單一因素。

因為我們部門有新組員加入，所以特地舉辦了全公司的聚餐，而且連部門經理都出席了。

部門經理親自介紹了新進職員：「○○○可是突破了超低錄取率，才有辦法進來我們公司。除了實力出眾之外，也非常懂得人情世故，親和力又很好，公司的氣氛更是托○○○的福變得融洽不少，前途不可限量啊！」

是因為我沒有親和力，能力又不怎麼樣，才討厭我嗎？

不是！我從來沒有對部門經理做過任何無禮的行為，也很努力和大家好好相處。新職員的加入讓氣氛變得更好，是值得慶幸的事。

錯誤 4：標籤化（Mislabelling）

根據單一行為或部分特徵，以完全否定、武斷的方式標籤人物或事件。

執著於一次的失敗經驗，而不停認為自己是人生失敗組，或是使用吊車尾、廢物、輸家等誇張的形容詞稱呼自己或他人，皆屬於「標籤化」的思考偏誤。

偏誤的話語

我是廢物，沒有任何一件事做得好。

找出例外

不是！我到現在完成的事很多啊！我考上了大學，畢業後找到工作，靠自己賺了錢。爸媽有時也會看著我，露出滿意的笑容；後輩都說從我身上學到很多東西，也很感激我。我正在盡自己所能，好好過生活。

錯誤 5：誇大或貶低

某名職員只遲到過一次，卻偏偏在這天遇見了前來巡視辦公室的老闆。假如老闆因此斷定該職員是工作態度散漫、懶惰的人，就是犯了誇大（Magnification）意義的偏誤。

相反的，當平常被判斷為懶惰的職員一達成業務目標時，便直接認定「這次只是運氣好」、「一定是因為其他人從旁

幫了很多忙」，則屬於貶低（Minimization）意義的偏誤。

偏誤的話語

居然會犯下這麼莫名其妙的錯誤，看來我在這方面完全沒有天份。

找出例外

不是！我只是錯了一次，現在才真正開始熟悉這份工作。沒有必要著急，只要慢慢找出原因，確保自己不會再犯相同錯誤就好。

錯誤 6：妄自菲薄

妄自菲薄（Disqualifying the Positive）是指低估自己的能力，或是將正面的經歷轉換成為負面的經歷。不採取客觀的標準，而是為自己設下嚴格的標準，貶低自己的成就。有時會被誤認為是謙虛，但無論是多麼優秀的人，貶低自己的成就並且將其評價為「只是運氣好」都是種自我貶低，而不是謙虛。

不過是剛好走運，我這次才能成功。

不是！我一直都在累積實力，養精蓄銳。我非常清楚自己有多認真學習英文，多努力完成任何關於工作的事。這是我加班加到深夜，費心盡力所完成的結果。

錯誤 7：災難化

災難化（Catastrophizing）意指過度憂慮或誇大某些事，總是設想最惡劣的情況。擔心得越多，焦慮也會變得越強烈，最後真的演變成掌控不了任何事。換句話說，正是因為這股恐懼，才導致自己無法把事情做好。擔心與憂慮造成自己無法完成應該做的事，又因為沒有如預期完成這些事而產生罪惡感，結果再次形成擔憂，變得越來越焦慮。因此，陷入了惡性循環。

整個人生都毀了，一輩子都是這副德性了。

不是！我的人生根本還沒開始。我有份工作，而且還做得很好，也很認真。我一定會成功。

各位是否也同樣犯下這些故障念頭、思考偏誤呢？符合了其中幾項呢？越是頻繁出現負面的思考偏誤（錯誤想法）的人，受到憂鬱與焦慮所苦的機率越高；當然也對健康造成不好的影響。

如果大家在閱讀的同時領悟到「咦？只要改成這麼做就好啦！」當然最好，但如果沒有，也請試著實行一次就好。唯有親自嘗試過，才有辦法培養正面思考的能力與習慣。

我們腦海中冒出來的某些念頭，會無意識地傾向正面或負面。是自己的自尊感特別低嗎？是自己特別缺乏自信嗎？是自己特別容易害怕站在人群面前嗎？沒有信心處理人際關係嗎？是自己特別容易感到孤單嗎？

沒關係的。

只要從現在開始持續練習正面思考的習慣，自然就能將大腦改變為可以產生更多正面想法、感受正面情緒的大腦！

負面完美主義者
變得幸福的方法

必須寬待自己的原因

　　在滿分一百分的考試中，有人得到九十五分。多數人都會認為這是得到了高分。然而，對於讀書時就以「非得到一百分不可」為目標的人來說，只要不是一百分，便毫無意義。極端且負面的完美主義者，基本上都是秉持著「不是最好，就是最壞」的信念。除了慣用非黑即白的二分法思考判斷一切，也認為只有結果才重要，過程根本不算什麼。

　　前面曾經提過完美主義者們會因為非黑即白的偏誤，而較易陷入二分法思考。認真準備考試的過程，對人生顯然也有一定程度的意義，但只要結果不如意，就會索性將過程定義為沒有任何用處。於是，只要不是一百分就沒有意義，連得到九十九分也覺得失望。

　　把目標設定得過高，是負面完美主義者的特徵之一。在這種情況下，成功的經驗當然也會變少。當一個人的認真、努力換得的正向回饋越少，想法就會變得越負面。一旦重複經

歷這樣的惡性循環，「我就是個一直失敗的人」的負面思維就會逐漸發酵，自信與自尊感也會越來越低落。

請讓自己的思考變得柔軟些吧！這個世界從來就不存在完美、完整的東西。許多因素都會導致你我的人生變得辛苦，可能是因為經濟變得困難，可能是身體狀況突然出問題，也可能是不得不離開待了很久的職場……這些都是我人生實際經歷過的重大變故。

可是，即使沒有發生任何意外，卻仍然執著於自己的人生很不幸、生活中沒有任何事順利，並且天天為此飽受折磨的話，負面思考極有可能就是真正摧毀我們人生的原因。或許大家也曾以為都是他人或環境摧毀了自己的人生，但事實上可能並非如此。

無論是與他人對話時或面對某件事時，我們的大腦之所以選擇負面而非正面，是因為大腦處於重複學習壞模式的狀態，也就是已經適應了壞習慣。

有些人會像這樣反問：「可是，負面思考的習慣好像是遺傳吧？我們全家人都是這樣。」

與其說是基因影響，實際上倒是比較傾向家庭文化形塑了負面習慣。假如父母總是以負面想法與情緒面對每件事，孩

子當然也很難選擇正面想法與情緒。孩子本來就是在觀察與模仿父母的情緒、思維、行為模式之中成長，而父母就這樣將自己的性格傳承給下一代，並形成了相對應的家庭氛圍或文化。

尤其是完美主義傾向強烈的父母，容易基於對子女的期待，予以責備的頻率往往多於讚賞。舉例來說，這種類型的父母會看著孩子學校的畫作，說出「為什麼把手指畫得這麼大？整張畫用了太多暗色系，很奇怪。下次畫畫前，拜託先思考一下怎麼上色吧！」之類的話，甚至對於孩子送給朋友的禮物、挑選的書籍、擬訂的計畫等，一概回以斥責，而不是尊重。

在完美主義的父母底下長大的孩子，自我評價都很低——因為自己的選擇永遠被否定。於是，自然而然就會開始認為自己是無法符合他人期待、滿足不了他人要求的人。這個部分也會對人際關係造成影響。因此，動不動就會浮現這樣的念頭：

「為什麼我會這麼敏感？為什麼老是被別人傷害？為什麼我永遠都是垂頭喪氣，對每件事都沒有自信？」

不是這個人真的有多差勁，而是來自周圍或自己設定的期

望太高了，根本沒辦法輕易滿足，最後變得認為自己低人一等——這就是負面完美主義者的特徵。他們對待自己的嚴格程度，遠甚於對待他人。實際了解後，就會發現他們身上其實充滿了優點，只是自己從來沒有察覺，也早已養成只放大檢視自身缺點的習慣。

我們總會在不知不覺間認為自己應該比別人優秀，或者已經比別人優秀。我也是如此。儘管表面上看起來十分謙虛，但內在「想做得更好」、「想變得更成功」、「想進步更多」的欲求卻無比強烈。即使不會透過言語表達出來，但每個人實際上都擁有想要比別人更優秀、更成功、更進步的欲望。優越意識與競爭意識，皆存在於你我之中。無論是誰，都是如此。

然而，當我們不表現出這些情緒，只是放任它們在內心折磨自己：「我明明想做得更好，為什麼做不到？」、「為什麼我這麼懶惰？為什麼不再努力些？」……這些念頭，都是對自己的過度責備，同時也過度聚焦於自己的缺陷；對於身體上的缺陷、外貌、能力等，通通給予過低的評價。

完美主義雖然也扮演著「成就動機」的角色，卻有可能對心理造成負面影響。其實，具有完美主義傾向的人，通常

會感受到更多負面情緒。許多心理學文獻都認為，完美主義與憂鬱、強迫症、飲食障礙等，存在高度關聯性。尤其是害怕他人負面評價的負面完美主義者，雖然努力達成過高的目標，卻因為沒有達到令人滿意的結果，最後導致更加嚴重的精神折磨。

正面完美主義者與負面完美主義者的差別，取決於沒有成功達成高目標時，自尊感的低落與否。由於負面完美主義者對於自己的努力，是採取「不成功就是失敗」，也就是二分法的思考方式，所以只要沒辦法達成目標就會被定義為「失敗」。而正面完美主義者的二分法思考，相對來說會比較輕微。所有完美主義者都會在無法達成目標時，感到挫折與難受，但只要相信自己熬過挫敗後，下次一定可以表現得更好，自然就能形成正面情緒。

對於事事追求完美的人來說，在人際關係難免也會遇到困難。世上不存在完美的人際關係，所有人都會在人際關係經歷矛盾、感受痛苦。只是對於連微不足道的小事都抱持完美期待的人而言，折衷同樣不存在。

對他人造成任何傷害，對完美主義者來說都是非常痛苦的事。因此，這種類型的人平常看起來就像溫馴無比的羊，既

你的憂鬱，是一種習慣

不喜歡麻煩別人，也不喜歡被批評，所以對於工作會特別認真，言行舉止也不會太搶眼。只是，事事追求完美的結果，免不了就會一直處在敏感的狀態。

我也是這樣，最後身體因此生病了。我幾乎不曾對任何人發過脾氣，因為我不喜歡讓別人覺得我的個性很差，總是一忍再忍，累積的情緒卻動不動在某些時刻突然爆發。平常看似文靜，但在某個瞬間就會失控爆炸。

假如各位認為自己是經常感受負面情緒，以及對待自己過於嚴格的完美主義者，請試著立刻找出自己的優點。雖然負面的人察覺不出自己的優點，卻有辦法找出三、四十個缺點。這也是這種類型的人經常對自己生氣、不耐煩的原因。

這種類型的人在看待他人時，有辦法好好察覺他人的優點嗎？答案是否定的。比起他人的優點，他們絕對更容易看見他人的缺點。寬恕不了自己的人，也無法寬恕他人。因此，首先得要懂得寬待自己，多多察覺自己的優點，讓自己先成為一個正面的人。

請寫下自己的各種情緒

1. _____

2. _____

3. _____

4. _____

5. _____

6. _____

7. _____

8. _____

9. _____

10. _____

11. _____

12. _____

13. _____

14. _____

15. _____

16. _____

17. _____

18. _____

19. _____

20. _____

完美主義者們的自尊心都很強，其實自尊心強並不是件壞事，因為他們會捍衛自尊心，比任何人付出更多努力。不過，問題在於自尊心很容易因為小事受創而感到痛苦。

哪怕只是小失誤、小失敗，也會在內心掀起驚濤駭浪。對方明明只是單純表達意見，自己卻認為「我被指責了」而感到難受；因此，也會過度地感受到自卑感與挫敗感——而這就是錯誤所在。

完美主義者會出現這些行為的原因，在於理想實在太高了。「想要做得更好」、「想要成為更好的人」的崇高理想固然很好，但沒有必要在追尋理想的過程中過度貶低自己。

全力以赴是完美主義者的優點，所以效率與成就也會很高。最令人驚嘆的是，這種人會一直努力直到離開這個世界那天。而他們最需要的，就是學會讚賞自己：「我是無論在任何情況都會全力以赴的人。我比任何人都更努力，不眠不休地工作與學習。」

像這樣鍥而不捨努力的自己，值得獲得自我慈悲與讚賞，同時必須把沒有察覺自身優點而飽受自卑感折磨的自己拯救出來，徹底拋開讓自己焦慮的完美主義吧！

「別人不完美，我也不完美；別人會犯錯，我也會犯錯。

既然這次犯了錯，我下次就知道該怎麼把事情做好。」

　　我們必須練習如何寬待自己，對於自己的外貌、性格如此，對於自己的見識也是如此。唯有懂得正面評價自己，才會明白該怎麼正面評價他人。

活得快樂、開朗的人的祕訣

樂觀思考的力量

諮商室收到了一段關於煩惱的訊息：

每次看到對所有事都保持正面態度的人時，我都覺得好羨慕。是因為我沒什麼幸福的回憶嗎？或許是因為成長過程的不快樂吧，我真的好難正面思考，也覺得活著不是很開心。是不是因為在權威型父母底下成長的我，從小只有挨罵的份，而不是被稱讚，所以現在才變成這樣呢？

除了缺乏自信，也常常出現負面想法。我明明想要多抱持樂觀的想法，讓生活快樂一些，但負面的思考方式好像已經變成了習慣。一想到過去就覺得憂鬱，面對現在也覺得好無力，想到未來更是焦慮。大概是因為生活在不幸福的環境，所以才會變成越來越負面的人……

「把你此刻打算做的行為，想成是早已在第一次人生重複犯過的錯誤行為。把人生當作是第二次去活吧！」

請記住維克多・弗蘭克的話。如果我們此刻想做的行為，是過去曾經犯過的錯誤行為，那麼現在就可以把它改正成更好的行為。我們必須達成這輩子被賦予的使命，誰也不會知道人生在走到盡頭之前會發生什麼事，請不要放棄對未來的期待。假如真的有上輩子，或許自己也在上輩子怪罪著現在的處境，唉聲嘆氣地說著「這輩子完了」；這輩子，別再重複上輩子犯過的錯了。究竟該怎麼做，才能成為正面思考、樂觀的人呢？

維克多・弗蘭克認為，儘管人生本來就包含了痛苦、罪惡感、死亡等悲劇因素，卻依然可以樂觀地面對現在與未來——將人生的負面因素扭轉成正面，是人類與生俱來的創造能力。

我們必須練習在既定的境況中，盡自己所能保持樂觀。如果我們想要幸福，當然就要每天尋找幸福的理由。如此一來，才能培養找到幸福的能力。人生在世，難免會遇到不得不面對悲劇，以及經歷不幸的時刻。有些人會因此意志消沉，與無止境的挫敗感為伍，有些人卻有辦法樂觀地轉念。

樂觀思考的力量，在於讓人懂得如何在好好克服痛苦後，將其轉換為正能量，甚至在犯下錯誤時，能將這一切視為改

變自我的成長契機，更激發懷抱著責任感好好過生活的動力。

我們每個人都擁有想變得幸福、開懷大笑、豁達生活的欲望。因此，即使置身於痛苦之中，依然可以盡全力培養豁達生活的力量。在盧卡奇（Georg Lukacs）筆下的《小說理論》（*Die Theorie des Romans*）裡，曾說過這段話：

「豁達，並不是不存在痛苦，或是穩定性的存在，而是從內在欲求油然而生的行為與對應。」

這是我最喜歡的一段文字。無論在任何環境裡，總有些人能夠活得開朗、快活；是因為他們一直處於沒有痛苦的穩定環境，才有辦法活得這麼快樂嗎？正如盧卡奇所言，豁達是源自內在欲求的油然而生，而不是取決於環境。

「我想活得快樂。即使置身於不幸之中，也想尋找幸福。」

豁達，源於自我的渴望。人不是因為幸福才笑，而是對幸福的渴望使人發笑，使人生活得更快樂。於是，幸福自然就會隨之而來。笑口常開、正面思考，以及盡全力快樂地生活，正是這些努力、選擇與習慣，決定了自己的人生方向。

別把成功當作目標，只顧著以成功為目標，只會讓自己離它越來越遠。成功就像幸福一樣，不是我們找得到的東西，

而是會自己找上門。只要懂得每一天享受當下，幸福一定會主動找上我們。這意味著我們必須嘗試不去在意成功與否，而是讓它主動現身——這也是維克多‧弗蘭克說過的話。

當成功與幸福變成目標時，我們反而離真正的幸福越來越遠。原因就在於「壓力」。越是無法達到目標，不知所措的急躁感就會讓人越來越焦慮。既然成功與幸福會在人開始傾聽自己的良心，依循自己所願而行動時主動找上我們，是不是就意味著我們應該抱持著期待與感激的心態，享受每一天的生活呢？

別人改變不了我，
世界也很難改變我。
可是，只要願意讓自己的心態變得正面，
我就可以完全改變自己的人生。

就從現在這一刻起，藉由選擇稍微正面思考的練習、每天多笑一些的練習、明天活得比今天更快樂的練習，完全改變自己的人生。

希望各位的今天都能比昨天又更幸福一些。

每個人帶給我的領悟

從人際關係之中解放的方法

我要栽培自己。

人應該隨著年齡的增長變得成熟。

如果今天我能比昨天的自己更進步些，

如果今天我能比昨天的自己更幸福些，

如果今天我能比昨天的自己更有智慧些，

我的今天與明天勢必都會變得稍微成熟些。

變得稍微幸福些，

思考變得稍微正面些。

以稍微輕鬆些的心態與人相處，

無論遭逢任何困境，都能趕快重新起身。

難道就沒有不跌倒的方法嗎？難道就沒有不在人際關係之中受傷的方法嗎？

沒有。

人難免會在一生中跌倒幾次。我也會跌倒，我也老是在人際關係之中受傷。只是，過去的朴相美與今天的朴相美完全

不一樣。

哪裡不一樣？

過去的我，只要跌倒一次，就得花上幾年時間才有辦法重新站起來；但現在的我，就算跌倒了，也有力量能立刻站起來。以前跌倒了，我不僅會埋怨別人，還會折磨自己；但現在我會深呼吸一口氣：

「呼——又犯錯了，沒關係，趕快收拾一下就好。沒關係，下次小心點。記住今天的錯，努力讓自己不再犯相同的錯。」

像這樣好好安撫自己。

每次授課或諮商時，我都會遇到不少人詢問關於「怎麼樣才不會在人際關係裡受傷」的方法，類似這樣的諮詢實在多得數不清。我明明已經告訴過大家了，答案是：沒有，沒有不受傷的方法。

每個人在與他人相處的過程裡，一定都會受傷，也一定會產生矛盾、誤會。有委屈的時候，也有和解的時候；有決裂的時候，也有和好的時候。暴風雨會來，但雨後也會放晴。

雨季是必然存在的，但各位是否見過一年三百六十五天一直下雨呢？又是否見過雨季結束後，乾淨至極的天空呢？

有委屈的時候，也有和解的時候；

有決裂的時候，也有和好的時候。

暴風雨會來，但雨後也會放晴。

想必大家都曾見過颱風過後，那片萬里無雲的晴朗天際吧？

我們的人生也是如此，我們的內心也是如此。

在人際關係之中，矛盾無所不在，誤會更是如影隨形。任何人都可能因此受傷。每當負面想法浮現，搞得自己無比難受時，就該試著改變思考習慣。我以前也會在人際關係受傷時，躲進房間裡不斷想著：「我真的很不會看人，怎麼可以這樣誤會我？我好委屈，太委屈了……我討厭人，人太可怕了！」然後斷絕一切人際關係，選擇留下自己一人。

不過，現在不再如此了。我懂得用「人生嘛，難免會遇到這種事」的方式接受，並且認為這一切都是常態，只要是「人」就什麼事都有可能。

有許多人仍然會為了「他人的評價」而難過、痛苦，但假如別人誤會了我，那就代表我是很糟的人嗎？

不是。

假如別人辱罵我是個「壞人」，那就代表我如同對方所言，是個百分百的壞人嗎？

不是。

假如別人看不起我，就代表我是理應被人看不起的人嗎？

不是的。

「那些都是你的想法，我並不認為。」

試著保持這種心態吧！

因為聽見了某人的不公平言論，而感到難過？因為其他人無視自己，而感到悲傷？因為沒有得到預期的尊重，而感到自尊心受創？因為別人好像不喜歡自己，而感到心痛？

人不可能永遠只有正面評價。對某些人來說的優點，也可能正是另一些人討厭的地方。

這就是重點所在。

即便大家都看著某個人的同一面，同樣會有些人提出批評與責備，有些人則表示喜歡與讚賞。就算有人批判與誤會、無視自己，我們也需要好好培養勇氣。

我不曾經歷過對方的生活，
對方也不曾經歷過我的生活。
因此，我不清楚對方的內心，
對方也不可能明白我的內心，

你的憂鬱，是一種習慣

所以這個人對我的評價，並不代表一切。

有個人用不友善的方式批評我，不代表我就是對方口中說的那種人。那麼，如果不是只有一個人，而是有一群人聚在一起批評我呢？同理，他們那樣想，也不代表我就是他們口中的那種人。

試著想一想那些在學校被同班同學排擠的孩子，他們是奇怪的孩子嗎？有時候，這些孩子有可能是因為得到了老師的格外疼愛，才被其他同學嫉妒，最後甚至聯合起來討厭、排擠他們。

「我什麼都做不好，但他樣樣都很厲害。臉長得好看，家裡又有錢。他該有的都有了……而且還很聰明。」

基於諸如此類的原因，才會因為太過嫉妒與憤怒而排擠特定同學。偶爾也會發生根本不存在任何理由，純粹只是因為無聊，而三五成群地霸凌某個單純、乖巧的同學……這些都是令人毛骨悚然的暴力事件。

我曾經將這些飽受霸凌所苦的人集合起來，為他們進行團體諮商與心理檢測。這些人沒什麼問題，而且真的非常善良與單純，被人欺負絕對不是他們的錯。

大家想把替自己打分數的主導權交給別人嗎？我們不需要別人為自己打分數。那個人或是那些人的評價，就只是單方面的想法而已。既然那些人無法代表我們，也請別拱手讓出替自己打分數的主導權。

「不要讓出主導權」這句話，意味著自己的心不為他人的評價而動搖。只有自己，才有資格為自己打分數。專注於那些喜歡與認同自己的人就夠了。這就是擁有正面思考習慣、正面大腦的人的人生哲學。

假設自己身邊有十個人。無論自己做得再好，其中的七個人不在乎我，剩下有兩個人喜歡我，以及不管我做得多好都討厭我的那一個人。有原因嗎？沒有。

或者，當我犯下什麼錯誤時，其中的七個人依然不在乎我，剩下有一個人無論任何情況都會喜歡我、安慰我，以及兩個人顧著責備、討厭我犯了錯。這些同樣沒有特別的原因。這就是人類的心理。

絕大多數的人，根本不在乎我們。我們做得好時，有兩個人會喜歡我們；我們做錯時，依然有一個人願意站在我們身邊。不要浪費生命堅持找一個「不一定」站在自己身邊的人，也不要為了「那一個人是否討厭我」而戰戰兢兢，更不要為

了他人「會不會覺得我很奇怪」而感到焦慮。只要衷心感激無論在任何情況都喜歡自己的「那一個人」，並且讓自己也成為對方那樣的存在，這樣就夠了。

無論如何，
我們都該發現幸福

療癒我的力量，就在我自己身上

　　有些人會在回首過往或憶起童年時，感到特別難受。在人類的無意識中，有個保存著童年痛苦與創傷的自我。因此，在每個人的內心都住著一個內在小孩。人類的大腦會記錄自己經歷過的所有情緒；無論是正面情緒或負面情緒，通通都會被記住。然而，如同前文提過的，負面情緒會記得特別久。尤其是當沒有從父母身上得到充分關愛而產生的悲傷、憤怒情緒，更是會一直留存。這些情緒會不斷在水面上載浮載沉，直到被完全梳理為止。當心情不好、負面情緒出現時，當然也會加倍頻繁地浮現。

　　任何人的童年時期都有好與不好的回憶，但有些人會過度沉浸在痛苦的記憶之中，有些人則是願意努力試著從中找出好的回憶。當然了，或許真的有人在過往的歲月只經歷過痛苦與不幸。儘管如此，依然有人會想盡辦法，從生活中發現幸福。

人生再難，我們也一定能從中發現幸福。即使在不幸的時期裡，身邊絕對也有值得感激的人。人生裡一定存在好的回憶，而我們需要做的，就是培養找出它們的能力。

當我們散發正能量時，自然就會吸引帶著正能量的人。如果經常處在憂鬱的狀態、沉浸在過去的痛苦之中，擁有好能量的人也不會出現在我們的身邊。當我們見到整天不停嚷嚷著自己有多難受、痛苦的人時，難免會覺得很心痛；可是，安慰了這些人一、二次後，自己也會因此變得難受，最後萌生想逐漸遠離他們的念頭。如果是經常表現得積極正面、保持笑容的人，光是待在這些人身邊也會覺得自己充滿愉悅的好能量，自然就會讓人想要親近他們。這是人之常情。

說話是一種習慣，
不幸也是一種習慣。
一直說著負面的話語，思想與行為也只會傾向負面。

煩惱時，我們應該用自己獨有的方式梳理，並且釋放內在的空間。每個人的內在容量都有一定的限度。假如內在充滿了痛苦與悲傷、憂鬱，該怎麼辦呢？當然是想辦法清空。如此一來，才能填滿喜悅與幸福。

心理學家安娜・佛洛伊德說：「**我總是不停向外尋找力量**

與自信，但自信感卻是源於內在。自信感，其實一直都在。」

療癒自己的力量，從來就不是存在他人的口中，而是在自己的內心。我們必須靠自己救自己，這股力量就在自己身上，而且一直都在你我的內心，只是當我們太難受時，會被烏雲遮住，一時看不清罷了。

各位，請發自真心地相信我們有辦法自我療癒。如果不相信，只能別無選擇地依靠別人過一輩子。但是，自己的人生怎麼活，應該由自己決定。我們才是自己人生的主角。

太難受的時候，視線會被濃濃的烏雲遮蔽，怎麼也看不清自己的心。有時候我們確實需要他人的慰藉與支持，才有辦法驅散這些烏雲。可是，身為自己人生主角的我們，始終得靠自己站上舞台。

我們都站在三百六十度旋轉的人生舞台，觀眾們用著充滿期待的眼睛，凝視著站在舞台上的我。既然如此，勢必得回應一下大家的支持才行。我不能永遠沉迷在「好痛苦」、「好難受」的病痛之中過日子，這是對自己人生的不尊重。

一九四七年的諾貝爾文學獎得主安德烈・紀德（André Gide）曾說：

「我們必須盡情擁抱快樂，這是我們道德上的義務。」

不要總是想著「那也要有快樂才能擁抱啊，我最近又沒什麼值得快樂的事」，而是必須積極邁出腳步，瘋狂地將快樂一把擁入懷中。想辦法讓自己幸福、快樂、喜悅、感激、感恩、愉快，這是生而為人道德上的義務。

堂哥買地[*]了，就祝福他吧，堂哥不是因此變得很開心、很幸福嗎？如果自己也同樣感到喜悅，並且大方祝福的話，內心就會充滿正能量，悲傷更會不藥而癒。當自己內在盛裝越多正面情緒，自然就會減少悲傷與痛苦的容納。

因此，請各位現在也一起踏上這趟名為「正面」的快樂旅程吧！

＊譯註：引用韓國俗諺「堂哥買地就眼紅」，意指嫉妒別人得到好處，自己心裡不是滋味。

國家圖書館出版品預行編目資料

你的憂鬱，是一種習慣：從覺察練習、五感正念等小行動開始，找回寧靜和幸福的自我修
復心理學 / 朴相美著；王品涵譯 .-- 初版 . -- 臺北市：日月文化出版股份有限公司，2024.06
256 面；14.7*21 公分 . -- (大好時光；81)
譯自：우울한 마음도 습관입니다
ISBN 978-626-7405-67-3（平裝）
1. 憂慮 2. 心理治療 3. 情緒管理
176.527   113005329

大好時光 81

你的憂鬱，是一種習慣

從覺察練習、五感正念等小行動開始，找回寧靜和幸福的自我修復心理學
우울한 마음도 습관입니다

作　　者：朴相美（박상미）
譯　　者：王品涵
主　　編：俞聖柔
校　　對：俞聖柔、魏秋綢
封面設計：水青子
美術設計：LittleWork 編輯設計室

發 行 人：洪祺祥
副總經理：洪偉傑
副總編輯：謝美玲
法律顧問：建大法律事務所
財務顧問：高威會計師事務所
出　　版：日月文化出版股份有限公司
製　　作：大好書屋
地　　址：台北市信義路三段 151 號 8 樓
電　　話：(02) 2708-5509　傳　真：(02) 2708-6157
客服信箱：service@heliopolis.com.tw
網　　址：www.heliopolis.com.tw
郵撥帳號：19716071 日月文化出版股份有限公司

總 經 銷：聯合發行股份有限公司
電　　話：(02) 2917-8022　傳　真：(02) 2915-7212
印　　刷：軒承彩色印刷製版股份有限公司
初　　版：2024 年 6 月
定　　價：380 元
I S B N：978-626-7405-67-3

日月文化集團 　客服專線 02-2708-5509
HELIOPOLIS 　客服傳真 02-2708-6157
CULTURE GROUP 　客服信箱 service@heliopolis.com.tw

日月文化集團 讀者服務部 收

10658 台北市信義路三段151號8樓

對折黏貼後，即可直接郵寄

日月文化網址：www.heliopolis.com.tw

最新消息、活動，請參考 FB 粉絲團

大量訂購，另有折扣優惠，請洽客服中心（詳見本頁上方所示連絡方式）。

大好書屋

寶鼎出版

山岳文化

EZ TALK

EZ Japan

EZ Korea

大好書屋・寶鼎出版・山岳文化・洪圖出版　**EZ**叢書館 **EZ**Korea **EZ**TALK **EZ**Japan

日月文化集團
HELIOPOLIS
CULTURE GROUP

感謝您購買 _____ 你的憂鬱，是一種習慣

為提供完整服務與快速資訊，請詳細填寫以下資料，傳真至02-2708-6157或免貼郵票寄回，我們將不定期提供您最新資訊及最新優惠。

1. 姓名： _____ 性別：□男　　□女

2. 生日： ____年____月____日　　職業： ____

3. 電話：（請務必填寫一種聯絡方式）
　　（日）_____（夜）_____（手機）_____

4. 地址：□□□

5. 電子信箱： _____

6. 您從何處購買此書？□_____縣/市_____書店/量販超商
　　□_____網路書店　□書展　□郵購　□其他

7. 您何時購買此書？　年　月　日

8. 您購買此書的原因：（可複選）
　　□對書的主題有興趣　□作者　□出版社　□工作所需　□生活所需
　　□資訊豐富　□價格合理（若不合理，您覺得合理價格應為 _____ ）
　　□封面/版面編排　□其他 _____

9. 您從何處得知這本書的消息：□書店　□網路／電子報　□量販超商　□報紙
　　□雜誌　□廣播　□電視　□他人推薦　□其他

10. 您對本書的評價：（1.非常滿意 2.滿意 3.普通 4.不滿意 5.非常不滿意）
　　書名 ____ 內容 ____ 封面設計 ____ 版面編排 ____ 文/譯筆 ____

11. 您通常以何種方式購書？□書店　□網路　□傳真訂購　□郵政劃撥　□其他

12. 您最喜歡在何處買書？
　　□_____縣/市_____書店/量販超商　□網路書店

13. 您希望我們未來出版何種主題的書？ _____

14. 您認為本書還須改進的地方？提供我們的建議？

_____

_____

_____

_____

生命，因閱讀而大好